IDENTIDAD Y ETNICIDAD: CONTINUIDAD Y CAMBIO

IDENTIDAD Y ETNICIDAD: CONTINUIDAD Y CAMBIO

Susana B. C. Devalle
compiladora y coautora

EL COLEGIO DE MÉXICO

301.451
I195

  Identidad y etnicidad : continuidad y cambio / Susana B.
  C. Devalle, compiladora. -- México : El Colegio de
  México, Centro de Estudios de Asia y África, 2002.
  191 p. ; 21 cm.

  ISBN 968-12-1060-3

  1. Etnicidad. 2. Identidad (Psicología). 3. Minorías.
  4. Irán -- Relaciones étnicas. 5. Iraq -- Relaciones étnicas.
  6. Afganistán -- Relaciones étnicas. 7. Siria -- Relaciones étnicas. 8. Ainu (Pueblo japonés) -- Relaciones étnicas. I. Devalle Bustamante, Susana B. C., comp.

Diseño de portada: Irma Eugenia Alva Valencia

Primera edición, 2002

D.R. © El Colegio de México, A.C.
  Camino al Ajusco 20
  Pedregal de Santa Teresa
  10740 México, D.F.
  www.colmex.mx

ISBN 968-12-1060-3

Impreso en México

ÍNDICE

PREFACIO

Este volumen ha sido escrito confrontando el complejo panorama mundial de fines del siglo xx. A pesar de todos los esfuerzos realizados en ese tiempo, encontramos al mundo sacudido por guerras internas e internacionales, como en la ex Yugoeslavia, Irak, Timor Oriental y amplias regiones de África.

Hemos querido examinar casos de Asia, en relación con el problema de la identidad étnico-cultural y los nacionalismos, cuestiones centrales en muchas regiones del mundo actual. De esta manera, se tratan distintos aspectos de la problemática general, haciendo hincapié en las diferencias y aspectos relevantes de los casos que se abordan.

Así, se observa Medio Oriente en los trabajos de Luis Mesa, Diego Augusto Barreyra y Gilberto Conde. Asia es analizada, a través del caso de Japón, en el trabajo de Yolanda Muñoz sobre los Ainu, y en el de Hugh Beattie sobre Afganistán.

El ensayo de Diego Augusto Barreyra sobre Medio Oriente antiguo introduce una nueva dimensión al problema que tratamos y que, en general, no se ha considerado en los estudios sobre etnicidad: la cuestión de los recursos naturales.

Como coordinadora, dirigí el seminario sobre Identidad y Etnicidad: Continuidad y Cambio donde se discutieron muchos puntos centrales del tema y casos que aquí se presentan. Participé en el ensayo "Etnicidad e identidad: usos, deformaciones y realidades", y en el de: "Timor Oriental: lucha por la independencia".

Agradezco a quienes colaboraron para hacer posible este volumen y, en especial, a la maestra Yadira Vázquez y a la li-

cenciada Jesica Vega Zayas por su ayuda práctica. Espero
que contribuya a la discusión de la temática actual y futura.

México, febrero de 2000
SUSANA B. C. DEVALLE

ETNICIDAD E IDENTIDAD:
USOS, DEFORMACIONES Y REALIDADES

Susana B. C. Devalle
El Colegio de México

La "otredad" como objeto de fascinación

En la gama de las instancias de alteridad social, la etnicidad
ha llegado a señalarse como el sinónimo más cercano de
"otredad", como un enigma que los científicos sociales pa-
recieran no haber logrado resolver. En sus esfuerzos por des-
cifrarlo, muchos investigadores han reducido la etnicidad
al elemento problemático por excelencia en viejos y nuevos
melting pots, o bien a un instrumento para utilizarse en el juego competitivo favorecido por la estrategia de la "ingeniería
social". Otros se han volcado a una percepción primordialista
de la etnicidad, más cercana aún que las anteriores, a una concepción del *Otro como esencialmente diferente*. También se ha
construido la otredad en términos de "diásporas", en particular, por especialistas de América del Norte.

A pesar de todos estos esfuerzos, no pareciera que la
comprensión de los fenómenos étnicos se haya logrado mediante la simplificación del problema o con intentos reduc-
cionistas. Es necesario —todavía, y a pesar de todo el trabajo
realizado— replantear el problema, observarlo desde ángulos que a menudo han sido descuidados y, quizá el punto
más importante, tener la percepción de aquellos que han
sido catalogados como "otros" sobre la situación de diferen-

11

cia que da origen a su localización, en sistemas sociales específicos.

Este ensayo se encamina a explorar aspectos de la construcción de las diferencias histórico-culturales en la práctica científica, y a sugerir formas de acercarse a los fenómenos étnicos y de identidad social, considerando la necesidad de ubicarlos históricamente y de enfocar las dimensiones cultural y política en nuevos términos. En el curso de esta discusión se hará referencia al nuevo desafío que esto representa en el mundo actual.

Joseph Conrad (1902) expresó sus sentimientos sobre la "otredad" en su viaje por el Congo a principios de siglo, "sentimientos que probablemente vuelven hoy a repetirse":

> Los hombres eran […] no, no eran inhumanos […]
> Lo que te sorprendía era pensar en su
> humanidad —como la tuya propia—, pensar en tu
> parentesco remoto con ese bramido salvaje y
> apasionado […]
> JOSEPH CONRAD, *Heart of Darkness*

Una de las tendencias más persistentes en la antropología ha sido la fascinación por "el otro", actitud que en parte dio su razón de ser a la disciplina que le proporcionó un "objeto", y en parte legitimó sus aspiraciones de objetividad científica. Esta posición generalizada en la "antropología de la dominación", como la llamara Jean Copans (1974), fue ampliamente criticada en ese periodo especial de reflexión que tuvo lugar en el seno de la disciplina entre fines de los años sesenta y principios de los setenta. Sin embargo, los esfuerzos por entender —controlar— la "otredad", continuaron desarrollándose sin pausa. Esta circunstancia es particularmente notoria en las sociedades centrales que ahora se sienten "invadidas" por una "marea" que viene de más allá de las fronteras que han guardado celosamente. "El otro" se ha reinventado sin cesar en los últimos 30 años siguiendo la lógica y secuencia que ya señalaba M. de Lepervanche hace más de una década:

> El término étnico a veces incluye ahora al de raza [...], pero en otros casos obviamente reemplaza a este término cada vez más ofensivo [...] La tendencia de raza a etnicidad (vía asimilación) puede considerarse como una serie de transformaciones ideológicas en la recreación de la hegemonía (Lepervanche, 1980: 24-25).

Superado el *impasse* que se produce en las sociedades centrales en el campo de los estudios étnicos con los Nuevos Etnicistas de mediados de los setenta y principios de la década de los ochenta (Depres, 1975; Bennett, 1975; A. Cohen, 1981, y Keyes, 1981),[1] en un mundo de fronteras en cambio rápido y últimamente violento, que vuelve a ser objeto de repartos económico y político entre las potencias, se comienza a formular una nueva representación de la otredad: se "descubren" las *diásporas*. Hasta el momento, esta formulación parece haberse dado exclusivamente, y no de manera casual, en Estados Unidos y entre algunos especialistas canadienses. Allí, casi simultáneamente, a fines de 1986, se organizan proyectos de largo plazo para estudiar las poblaciones de origen asiático y africano establecidas en su territorio (véase Devalle, 1990b). No es de extrañar que próximamente se "descubra" una *diáspora latinoamericana,* entendida no como lo hace M. Benedetti (1989:85 ss.) en sus ensayos, sino con base en el constructo del "hispánico", tan generalizado en Estados Unidos.

Frente a este panorama no sorprende el párrafo con que M. di Leonardo inicia una de sus recientes reseñas críticas: "A veces pienso que me pondré a gritar y a tirar cosas si veo una referencia sentenciosa más a la 'alteridad del otro'" (1990: 530). Yo hubiera querido expresar algo semejante en

---

[1] Véase la crítica de Hinton en "Where Have the New Ethnicists Gone Wrong?", *Australian and New Zealand Journal of Sociology,* 17 (3), pp. 14-19, 1981.

1982, cuando llegué a Australia, frente al alud de textos producidos por la floreciente "industria étnica" de la década de los setenta y a la legitimación de la ideología de Estado del multiculturalismo. Sin embargo, opté por intentar clarificar ese universo de fenómenos incluidos dentro del concepto "etnicidad" (Devalle, 1989, 1990a y 1992).

Las críticas de los ochenta a la situación en este campo de estudios como la de M. de Lepervanche (1980) y la de Hinton (1981) o las alternativas propuestas por J. L. Commaroff (1987) y Saul (1979) pasaron inadvertidas. En general, el diálogo con los creadores de las construcciones de "lo étnico" en los países centrales no se materializó, y el alud de disecciones de la "otredad" (en su variante étnica) continuó su curso en esa década hasta desembocar, en sus postrimerías, en las varias formulaciones del "otro" como *diáspora*.

Además, hay que tener en cuenta que todo esto se produce en una situación en la que destaca el desarrollo de la etnografía posmoderna, hija de la proliferación de esos "géneros borrosos" *(blurred genres)*, nacida a la sombra de C. Geertz (1963, 1973 y 1983), y de gran influencia de la antropología de Estados Unidos. Entre los más conocidos etnógrafos de esta corriente se encuentran James Clifford, George Marcus, Michael Fisher y Stephen Tyler. Esta etnografía ha tendido a adquirir un tenor academicista y con frecuencia arrogante (las experiencias que en realidad importan son las del investigador). Establecen como "preocupación central de la antropología [a] la humanidad como otro" (Rebel, 1989:124. Véase su crítica). Si bien esta posición no parece nada nueva en antropología (la continuada subalternidad del "objeto"), sí lo es la sofisticación del lenguaje bajo la influencia del redescubrimiento de la fenomenología, del acercamiento a técnicas literarias, y del uso de la semiótica. La labor interpretativa *á la Geertz* ha acabado con los posmodernos en *textualismo* y en el relativismo extremo. Sorprende la falta de compromiso de los etnógrafos posmodernos con el acontecer en la realidad social, especialmente si se tienen en cuenta los acontecimientos recientes en los escenarios internacionales. Argelia, Vietnam, mayo de 1968, hicieron reflexionar a los antropólogos de entonces en las sociedades centrales sobre su responsabilidad social, empezando por el debate que provocó la intervención de K. Gough en *Current Anthropology* (1968). Las instancias que llevan a la reflexión fuera de esas sociedades, en tanto, han sido parte del acontecer continuo, sin ser tan remotas en el tiempo ni en el espacio. Éste es un punto de partida sustancial que tiene injerencia directa en la manera en que se elaboran mundos conceptuales, en las modalidades de percepción, observación, interpretación, interpelación y explicación frente al sujeto social de estudio. Hoy, la reflexión de la etnografía posmoderna parece estar marcada por un proceso de introversión. Se han señalado causas que habrían promovido esta actitud. En la percepción de F. Jameson del posmodernismo, esta etnografía se ubicaría como una expresión de la "lógica cultural del capitalismo tardío" (1984:53-92). En su excelente crítica de la etnografía posmoderna, Polier y Roseberry son más puntuales:

> Si consideramos a Estados Unidos [...] las décadas de posguerra (aproximadamente 1945-1970) se caracterizaron por una aparente hegemonía mundial, vigorosa e inamovible, de Estados Unidos. Los últimos quince años se han caracterizado por una crisis y una reconstrucción cada vez más profundas, si no constantes. La teoría de los sistemas mundiales y el pensamiento posmoderno pueden verse como expresión intelectual de esa crisis [...] Las versiones extremas del pensamiento posmoderno *han tenido el efecto* de negar [...] la política y la economía cuando ambas se volvieron amenazantes (1989:259).

Cabe preguntarse si es necesario, lamentablemente, otro choque brutal con la realidad para que la etnografía posmoderna se decida a abrir las ventanas de su claustro y se atreva a mirar qué pasa afuera. Por el momento los posmodernos se escudan en el supuesto de que "el mundo material es imaginario y el mundo imaginario [...] es real" (*ibid.*:258).

Aquello aparentemente lúdico en las palabras de Geertz: "los bosques están llenos de intérpretes ansiosos" (1983:21), M. di Leonardo lo traduce de una manera radicalmente diferente:

> Este merodeo alrededor de la Otredad, el falocentrismo o los tropos eurocéntricos se ha convertido en el perezoso substituto académico de un compromiso real con las historias y con la realidad presente detalladas de minorías raciales occidentales, de las mujeres blancas, o de cualquier población del Tercer Mundo [...] La antropología tiene el dudoso honor de "especializarse" en el más Otro, el Primitivo (*op. cit.*:530).

Mediando un poco en esta situación, mientras que la tendencia hacia la "explicación interpretativa" en antropología podría representar un cambio con posibilidades al liberarse de un cientificismo copiado de otras ciencias, también el a veces tortuoso "juego" interpretativo ha llevado al investigador a alejarse de las realidades concretas de la vida social. El problema no es tan simple y no basta ser "intérprete ansioso", como indica Rabinow: "La gran debilidad [de la etnografía interpretativa] es el cordón sanitario histórico, político y de la experiencia que se ha tendido alrededor de la ciencia interpretativa" (1986:257).

Si para "Geertz [y otros antropólogos...] la actividad central todavía es la descripción social del 'otro', aunque modificada por nuevas concepciones de discurso, autor o texto, el otro para Clifford[2] es la representación antropológica del otro" (Rainbow, 1986:242). En este proceso, aquello "otro", objeto de representaciones se ha convertido en una presencia tenue, a la par que el etnógrafo ha pasado a ocupar posición de centralidad:

---

[2] J. Clifford, "Introduction: Partial Truths", en J. Clifford y G.E. Marcus (eds.), *Writing Culture*. Berkeley, University of California Press, 1986, pp. 1-26; *The Predicament of Culture*, Cambridge, Harvard University Press, 1988.

> Los [etnógrafos] posmodernistas [...] han pasado de una consideración de las relaciones de poder en las que se construye el conocimiento, a una celebración egocéntrica y nihilista del *etnógrafo como autor, creador y consumidor del Otro* [...] la celebración de la vida social fragmentada y de la etnografía como *collage* surrealista tiene como consecuencia directa la elevación del etnógrafo-como-hacedor-de-*collages* a una posición de alto privilegio [...] Los sujetos etnográficos se transforman en cosas [...] disponibles para apropiarse de ellas [y para] producir la "crítica cultural". (Polier y Roseberry, *op. cit.*:246 y 255, nota 10. Las itálicas son mías.)

Antes como hoy, últimamente exacerbada en la perspectiva de la etnografía posmoderna, la confrontación con la "humanidad como otro" de la que se habla (Rabinow, 1977: 151), es parcial. No es con toda "la humanidad", sino sólo con una parte de ella, sustancial por cierto, una "humanidad" con especificidades en un mundo dividido de modo etnocéntrico y desigual: *nos-otros*. Sólo uno de los componentes de la díada se pone bajo observación: aquello vasto, complejo que se considera "lo *esencialmente* otro". Ése es el mundo que para Geertz constituye lo que "no es propiamente nuestro" (Geertz *op. cit.*: 44). Con Rebel (1989:123) podemos preguntarnos, desde una latitud diferente (no sólo geográfica, sino también histórica y vivida), "qué es lo que es exactamente 'propiamente nuestro'" para quienes lo dicen.

El llamado "tercer mundo" ha sido y es visto desde el "primero", globalmente, y a menudo en términos de carencias o de excesos, como el "otro mundo" por excelencia, más aún cuando éste se cuela en los jardines vedados del "primero" y no se transforma bajo las presiones asimilacionistas (cualquiera que sea su versión hoy en día). Es decir, no sólo perturba la mera presencia del otro, la diferencia cuestionadora de lo aceptado, sino que éste no se deje domesticar, circunstancia que sacude en más de un modo las ideas establecidas sobre el Estado moderno como Estado-nación y al dominio universal de la llamada "cultura de Occidente".[3]

Justamente por estar en esta orilla de la confrontación, agrego una dimensión obvia, pero desatendida: la de la ubicación del observador, la de las características de la sociedad en la cual se originan y reproducen las percepciones y construcciones de la otredad. De este lado del espejo, ese *otro genérico* construido, a menudo masificado, somos *nosotros*, un *nosotros* también genérico y necesitado de calificaciones. Cuestionamos la situación de permanecer siendo el "objeto" preferido de disecciones académicas, y a que continúen sucediéndose las reinvenciones descontextualizadas de la otredad, es decir, de nosotros. Estas reinvenciones se reflejan actualmente en la práctica en las representaciones que se están haciendo del inmigrante y del refugiado "no occidentales" (cuando no "no anglos" o "no blancos") en sociedades "receptoras de inmigración".

En esta rebelión contra las representaciones, sin embargo, se debe ser cuidadoso. Por un lado, la reformulación de construcciones de la otredad no debe confundirse con la reformulación, la reinvención de las identidades históricas y vividas (véase B. Anderson, 1983, Hobsbawm y Ranger, 1983). Por otro, hay que hacer hincapié en que el nosotros es también una categoría genérica. Si no se le atribuye especificidad histórica, cultural ni social resulta de escaso o nulo valor conceptual. Además, también hemos construido otredades en nuestro universo, por ejemplo y de la manera más clara, con nuestras representaciones del campesino o del indígena.

Sobre la base del *otro genérico* se han construido e impuesto categorías étnicas que, además, en algunos casos todavía insisten en incluir un "factor racial". Actualmente vuelve a reforzarse como en Estados Unidos y ahora en Europa la idea de la preeminencia del factor racial en las relaciones so-

---

[3] En la presentación de la revista *Diáspora: A Journal of Transnational Studies*, se indica precisamente que "a veces las diásporas son el otro paradigmático del Estado-nación [...] a veces [son] hasta su precursor".

ciales marcadas por "la diferencia", que, más que de cultura o característica física directamente observable, tiene que ver con la dimensión de poder y con profundas diferencias sociales. Es esta "diferencia por desigualdad" la que a menudo se minimiza o se margina en los análisis de la sociología liberal orientada al estudio de las llamadas "relaciones raciales", todavía floreciente en el mundo de tradición inglesa. Esta visión del panorama social se refleja en la terminología referente al tema racial en boga en América del Norte según el cual se llama a los inmigrantes y a sus descendientes de origen no europeo "minorías visibles" (*visible minorities*, A.B. Anderson y J.S. Fideres, 1981:106).

Las identidades "ajenas" se fijan, se generalizan y se vacían de especificidad. En esta situación, las sociedades centrales de inmigración, donde lo "ajeno" sólo puede devenir "algo nuestro" mediante la asimilación, la mutilación de la identidad, la respuesta desesperada de defensa de la identidad profunda, lleva a la *ghettoización*. Este proceso no sólo se refiere al *ghetto* físico y observable. El barrio "extranjero", enquistado, sitiado por la ciudad de la "sociedad receptora", esconde el otro *ghetto*, el que va construyendo celosamente el inmigrante (sitiado también él) dentro de sí mismo para defender en los pequeños espacios cotidianos una identidad que busca sus fuentes y su razón de ser. Este mecanismo de autodefensa, dados los contextos en que se genera, muchas veces no lleva a reformulaciones vitales, sino a distorsiones y a la exageración de sus tradiciones de apoyo (véase Devalle 1990b:233-238).

De esa construcción del *otro genérico* y sin especificidades, apoyada sólo en las apariencias inmediatas, han surgido los estereotipos, tanto de uso corriente como oficial y científico, del "hispánico" o "latino", del "asiático" (estereotipos impuestos y masificadores), del afroamericano (estereotipo parcialmente internalizado), del indígena como "indio" (estereotipo parcialmente conquistado). Tanto la categoría "indio" (para las Américas) como la de "tribal" (para Asia y

África), tienen reconocidas raíces coloniales (Mafeje, 1971; Devalle, 1990). El resto es principalmente producto de más recientes repartos del mundo y de su ordenamiento en compartimientos "de primera" y "de tercera" o, para usar el lenguaje en que se expresa la desigualdad del presente, de un "Norte" y un vasto "Sur".

Una de las consecuencias más inquietantes de esta catalogación del otro, es que al reforzarse cada vez más el monopolio del conocimiento y su difusión en los centros dominantes, estos centros o más bien, sus centros académicos pueden imponer modelos y categorías sobre toda la gama de la alteridad como si fueran sus representaciones más adecuadas. Quienes han formulado las sucesivas representaciones de todo aquello que no consideran "propiamente suyo", jamás, o quizá sólo de manera tangencial, toman en cuenta a los representados como agentes partícipes en esta tarea de formulación. De este modo, puede decirse que estas representaciones resultan ser construcciones a ciegas.

Un aspecto curioso de los estudios sobre etnicidad hechos desde las sociedades centrales es que los sectores dominantes, que son los catalogadores del resto de su sociedad, se presentan sin identidad (como en Australia y Canadá, en particular respecto a sus políticas de multiculturalismo). Los "étnicos", aquellos dotados de identidad, son los otros, no ellos. Es probable que estemos frente a un mundo de otredades (incluyendo, por supuesto, a las sociedades catalogadoras) que habla lenguajes muy diferentes, donde el diálogo es difícil cuando no, a veces, imposible. Lo que deberían comprender tanto las sociedades centrales como los Estados en sociedades multiétnicas de la periferia es que vivir la propia identidad colectiva no es una aberración que deba ser corregida por la fuerza por medio de diferentes tipos de políticas de asimilación e integración, o la tolerancia restringida de la política del multiculturalismo (y en casos extremos, por el genocidio, véase el mundo de hoy).

¿Por qué nos perturba tanto que nos representen de tal manera? Por una parte, dada la condición impuesta de objeto que esto implica, "objeto" al que ni siquiera se deja participar con un débil trazo en el retrato que de él hacen. Por otra parte, y en el terreno operativo, por la legitimidad que estas representaciones brindan a prácticas sociales que van desde las catalogaciones oficializadas ("raciales", "étnicas"), a las políticas de Estado como instrumento de control social (como en el caso de la política del multiculturalismo en sociedades centrales receptoras de inmigración), y al alarmante recrudecimiento del racismo. Las representaciones de la otredad son un arma de doble filo. Si bien son susceptibles de ser cuestionadas en el terreno científico, se presentan en tanto como elementos difíciles de combatir en sus usos en el terreno práctico, una vez internalizadas y legitimadas como apoyos de cierto ordenamiento social (véase el caso de Australia, por ejemplo). ¿Cuándo y en qué circunstancias la fascinación inocua del observador (sea científico o individuo común) por el otro, se torna desprecio, intolerancia y juicio moral desfavorable, sustento tanto de las posiciones elitistas del científico como de insistencias asimilacionistas, del racismo y de la violencia?

Siguiendo el espíritu del epígrafe que encabeza la siguiente sección, ¿cuál es ese "ser secreto" que pasa inadvertido para quienes representan a los sujetos sociales "ajenos"?, ¿dónde están sus raíces y sus fuentes?, ¿cuáles son las fuerzas que obligan a esconderlo para que continúe vivo?

LAS FUENTES DE LA ETNICIDAD

La mayoría de los migrantes aprende y puede convertirse en disfraces [...] nuestras propias falsas descripciones [creadas] para contrarrestar las falsedades inventadas so-

> bre nosotros [que] esconden por razones de
> seguridad nuestro ser secreto [...]
> SALMAN RUSHDIE, *The Satanic Verses.*

En las investigaciones sobre etnicidad existe una tendencia a buscar y finalmente a proclamar el "descubrimiento" de esencias: identidades "puras" y memorias colectivas no menos puras. Es necesario desarrollar defensas contra el espejismo de las esencias, tomando conciencia del alto grado de mistificación existente sobre "lo étnico", mistificación que ha llevado a que la etnicidad se tomara como variable autoexplicativa en la mayoría de los enfoques socioantropológicos liberales dominantes (principalmente entre los "pluralistas" y los "primordialistas").

La etnicidad nunca se ha traducido en un discurso único. La memoria colectiva puede entenderse como un ancla de la identidad y, a la vez, como un vasto campo fértil para el surgimiento de nuevas y variadas formulaciones de la identidad. Así, las identidades colectivas no existen en forma pura y fija, sino que se forjan con base en una multiplicidad de elementos interrelacionados susceptibles de modificación en el curso del tiempo. De esta manera, en el terreno político, la presencia del factor étnico en realidad ha resultado en una abundancia de "combinaciones de lo más raras" (Gramsci, 1974:312). No sorprende que la presencia de la etnicidad en la arena política continúe creando confusión entre observadores que perciben, de manera uniforme, movimientos y expresiones políticas de contenidos y bases sociales diversos, como si todos fueran expresiones idénticas de una misma realidad social.

La etnicidad, por tanto, debe verse como un *proceso* cuyos significados sólo pueden comprenderse *en contexto*, evolucionando en el curso de la historia en circunstancias sociales específicas de un pueblo dado. Aún más, el desarrollo de procesos étnicos y de clase en la misma formación social se añade a la complejidad de la naturaleza procesual de la etnicidad. La articulación de estos dos procesos, etnicidad y clase, y sus contradicciones sólo llegan a aprehenderse al observarse la *dimensión histórica* en la cual éstos tienen lugar.

No puede entenderse la etnicidad como simple producto de la activación de "sentimientos primordiales" (Geertz, 1963:105-157) vagamente definidos, sino como fenómeno histórico, subordinado a las contradicciones de clase y entre "centro" y "periferia", y como elemento que opera en la dinámica cultural (véase Abdel-Malek, 1981 con Saul, 1979).

No siendo la etnicidad un fenómeno ahistórico, es precisamente en la dimensión de la *longue durée* en donde se formulan, mantienen y cambian las identidades colectivas. Esta dimensión temporal más que con lo cronológico tiene que ver con su *sustancia en movimiento*: los contenidos sociales dinámicos que proveen elementos tanto para la reproducción de las identidades vividas cotidianamente, como para la emergencia de nuevas variantes de identidades ya existentes. El desarrollo del *ser histórico* de una sociedad, esa síntesis en que se expresa un "estilo étnico" o "nacional" (Abdel-Malek, 1981:151-159), incluidas sus variantes surgidas con referencia o por contraposición a formulaciones existentes, hace resaltar la dimensión de continuidad. Sin embargo, las discontinuidades históricas y sociales determinan en última instancia cómo diferentes clases y sectores sociales formularán y vivirán cierto "estilo étnico" en los diferentes momentos de la vida de una sociedad. Por tanto, un "estilo étnico" no es simplemente un tipo sociológico que represente un aspecto inmutable de la sociedad, como suele presentarse en la sociología liberal. Ésta ha tendido consistentemente a la producción de tipologías más que a la comprensión de las variaciones y las contradicciones de una diversidad de fenómenos que desbordan los confines estrechos de tales tipologías.

Por otra parte, y en particular en relación con la antropología clásica, se han estudiado las sociedades "no occidentales" como si su pasado no mereciera ser explorado. La preocupación por el "presente etnográfico" ha ayudado a fomentar el mito de pueblos sin historia. Al aprehenderlos como átomos de pasado evasivo o irrelevante, la etnografía "presentista" ha dado a los pueblos que ha estudiado el estatus de objeto, de elementos pasivos que no han dejado huella en la historia y, por tanto, sin dejar tampoco raíces de identidad. En este estado de cosas, fueron las representaciones antropológicas del otro las que llenaron el supuesto vacío e impusieron construcciones como si éstas fueran las identidades vividas por los pueblos que la antropología observó (quizá el caso más flagrante sea la construcción de *tribu* para África y para el sur de Asia). Quizá más alarmante es la posición de etnógrafos posmodernos como Tyler, para quien:

> La experiencia sólo se volvió experiencia al escribirse etnografía. Previo a esto sólo había un conjunto desconectado de eventos. Ninguna experiencia precedió a la etnografía. La experiencia fue la etnografía [...] La etnografía posmoderna renuncia al cuento del pasado como error y niega el mito del futuro como utopía (Tyler, 1986:138).

De modo que no existiría experiencia social ni historia hasta que el etnógrafo las cree en la *escritura* etnográfica (véase Polier y Roseberry *op. cit.*: 249). Esto se relaciona estrechamente con la general pérdida de historicidad en la perspectiva posmodernista. Como lo señala F. Jameson, ha habido en esta perspectiva "una pérdida de cualquier sentido imaginativo vital sobre el pasado [...] una incapacidad para [...] pensar en alguna relación vital con un pasado radicalmente diferente y también con un futuro radicalmente diferente" (1984:53-92).

Al ponerse énfasis en la profundidad temporal de los procesos sociales, el "presente etnográfico" se desplaza del centro del análisis para convertirse en "un momento" en el flujo procesual. Con esta perspectiva, los fenómenos étnicos dejan de aparecer como si fueran meros "accidentes" en la vida de una sociedad. La aplicación de una perspectiva histórica al estudio de las sociedades "no occidentales", tradicional coto de caza de la antropología, ayuda a subvertir las representaciones existentes. Con frecuencia, la antropología occidentalocéntrica construyó el presente de las sociedades que estudió conforme la imagen de lo que se supuso que éstas fueron en el pasado (que no se exploró) (véase Onoge, 1979). Así, tanto el pasado como el presente de las "sociedades-objeto" se colocaron al margen de la historia. Como resultado, se concibió a estas sociedades como *objetos pasivos definidos en términos esencialistas*. Entre estos "objetos" se encuentran "los étnicos" y sus variantes.

El punto crucial que gran parte de los científicos sociales de las sociedades centrales continúa evadiendo hoy, es que el "otro", el "estudiado", debe verse como agente social y no como "objeto" ajeno y pasivo. Este agente social se expresa, en palabras de Barthes, en un lenguaje que es "activo, transitivo (político) [...] dirigido a la transformación" (1984:149). Por tanto, no puede entenderse la etnicidad si no se considera la intervención de quienes la ejercen en la dinámica social, lo cual lleva a observar al mismo tiempo procesos de diferenciación social y de formación de clases, y el desarrollo de conflictos de clase, en el contexto de su articulación con procesos de diferenciación étnica.

ANÁLISIS CON AUSENCIAS

Toda una zona de la realidad ha escapado hasta ahora al análisis cuando se estudia la etnicidad, especialmente cuando ésta se expresa fuera de sus tierras de origen; la etnicidad que "migra", se reafirma, se transforma, en este mundo actual en cambio acelerado: la naturaleza de las "sociedades receptoras", que además son las catalogadoras de la "otredad no occidental" y las productoras de modelos muy influyentes para estudiar la etnicidad. Éstas son las sociedades que hoy se sienten asediadas por las "minorías visibles" (donde las "mayorías" nunca han sido invisibles). Estas sociedades, a pesar de su experiencia con otras fuera de sus marcos culturales de referencia, adquirida en el curso de sus empresas expansionistas, o quizá por estar signadas por esta experiencia, tienen grandes dificultades para comprender lo que se determina "otro". Más aún, no parecen estar conscientes de la necesidad de entenderse y redefinirse a sí mismas en el contexto mundial de cambio, de reconocer y respetar la "otredad". Mientras este cambio no tenga lugar en la autopercepción de estas sociedades, se crearán nuevos "étnicos" y se descubrirán nuevas "diásporas". Porque, y a pesar de la construcción desigual de "otras humanidades", "uno de los misterios significativos de la vida del hombre en cultura es cómo las creaciones de otros pueblos pueden ser tan completamente suyas y tan profundamente parte de nosotros" (Geertz, 1983:54). Pero el temor a admitirlo persiste.

En la objetificación de la otredad, se encuentra ausente otro elemento en los estudios existentes sobre etnicidad, en particular en los que se enfocan a migrantes (en realidad está prácticamente ausente de todo el proyecto antropológico): la consideración del *sentir* y de la *experiencia*, es decir, de la experiencia subjetiva de lo social que permite relacionar, en palabras de Samuel (1981:xxxii), "el momento individual en la *longue durée*". Denomino esta manera de conocer: como *"sentir los fenómenos sociales"*. Corresponde a lo que Raymond Williams llama "la experiencia indiscutible del presente" frente a "todo lo que está presente y en movimiento, todo lo que escapa o parece escapar de lo fijo, lo explícito y lo conocido [y que] se aprende y define como personal: esto, aquí, ahora, vivo, 'subjetivo'" (1978:128). Si no se abarca esta dimensión se seguirá, como lo dijo un anciano munda en India[4] nombrando sin conocer a quienes se nombra ni sus circuns-

---

[4] "Nos ponen nombres, pero no nos conocen" (anciano del grupo munda, campesino "tribal" [adivasi=indígena] Chota Nagpur, India. Notas de trabajo de campo).

tancias, viendo a los migrantes como tradicionalistas desubicados "no asimilables", a los otros como amenaza, como extraños con extrañas motivaciones. Se continuarán promulgando políticas, a la sombra de la impunidad científica, si no de eliminación, de hecho subordinadoras de todo aquello que quienes las impongan consideren, con la arrogancia de quien tiene el poder, "no propiamente suyo".

Las identidades, entre ellas la étnica, no son *objetos fijos,* sino con una intensa naturaleza *procesual.* De ahí su carácter histórico, móvil, asumido y reasumido, formulado en diferentes voces y reformulado de acuerdo no con el capricho, sino con circunstancias históricas y sociales siempre en movimiento. De allí que sea a veces difícil definir la diferencia. Ésta la vamos haciendo nosotros en el curso de la historia.

BIBLIOGRAFÍA

Abdel-Malek, A., 1963, "L'Orientalisme en Crise", *Diogène,* 44, pp. 109-142.
——, 1981, *Social Dialectics,* Londres, Macmillan.
Anderson, A.B. y J.S. Frideres, 1981, *Ethnicity in Canada. Theoretical Perspectives,* Toronto, Butterworths.
Anderson, B., 1983, *Imagined Communities,* Londres, Verso.
Asad, T., 1986, "The Concept of Cultural Translation in British Social Anthropology", en J. Clifford y G.E. Marcus (eds.), *Writing Culture,* Berkeley-Los Ángeles-Londres, University of California Press, pp. 141-164.
Barrier, N.G. y V.A., Dusenbery (eds.), 1989, *The Sick Diaspora Migration and the Experience Beyond Punjab,* Columbia, South Asia Publications.
Barthes, R., 1984, *Mythologies,* Londres, Paladin.
Benedetti, M., 1989, *La cultura, ese blanco móvil,* México, Nueva Imagen.
Bennett, J.W., 1975, *The New Ethnicity. Perspectives from Ethnology,* Nueva York, Westview Publications.
Berreman, G.D., 1968, "Is Anthropology Alive? Social Responsability in Social Anthropology", *Current Anthropology,* 9 (5), pp. 391-396.
Clifford, J., 1986, "Introduction Partial Truths", en J. Clifford y G.E. Marcus (eds.), *Writing Culture,* Berkeley-Los Ángeles-Londres, University of California Press, pp. 1-26.
——, 1988, *The Predicament of Culture,* Cambridge, Harvard University Press.
Cohen, A., 1981, "Variables in Ethnicity", en Keyes (ed.), *Ethnic Change,* Seattle, University of Washington Press, pp. 306-331.
Comaroff, J.L., 1987, "Of Totemism and Ethnicity: Conciusness, Practice and the Signs of Equality", *Ethnos,* 52 (3-4), pp. 301-323.

Conrad, J., 1988, *Heart of Darkness*, 1ª ed. 1902, Londres, Penguin.

Copans, J., 1974, *Critiques et Politiques de l'Anthropologie*, París, Maspero.

Crapanzano, V., 1986, "Herme's Dilemma: The Masking of Subversion in Ethnographic Description", en J. Clifford y G.E. Marcus (ed.), *Writing Culture. The Poetics and Politics of Ethnography*, Berkeley, University of California Press, pp. 51-76.

Depres, L.A. (ed.), 1975, *Ethnicity and Resource Competition in Plural Societies*, París-La Haya, Mouton.

Devalle, Susana B.C., 1983, "Antropología, ideología, colonialismo", *Estudios de Asia y África*, XVIII (3), pp. 337-368.

——, 1989, "Etnicidad: discursos, metáforas, realidades", en Susana B.C. Devalle (comp.), *La diversidad prohibida: resistencia étnica y poder de Estado*, México, El Colegio de México.

——, 1990, "Tribe in India: The Fallacy of a Colonial Category", en D. Lorenzen (ed.), *Studies on Asia and Africa from Latin America*, México, El Colegio de México.

——, 1990a, "Discourses of Ethnicity: the Faces and the Masks", en M.C. Howard (ed.), *Ethnicity and Nation-Building in the Pacific*, Tokio, United Nations University, pp. 50-73.

——, 1990b, "Los Sikhs en Canadá. ¿'Diáspora' o migraciones?", *Estudios de Asia y África*, XXV (2), pp. 209-249.

——, 1992, *Discourses of Ethnicity. Culture and Protest in Jharkhand*, Londres-Nueva Delhi-Newbury Park, Cal. Sage.

Geertz, C., 1963, "The Integrative Revolution: Primordial Sentiments and Civil Politics in the New States", en C. Geertz, *Old Societies and New States*, Nueva York, The Free Press, pp. 105-157.

——, 1973, *The Interpretation of Cultures*, Nueva York, Basic Books.

——, 1983, *Local Knowledge: Further Essays in Interpretative Anthropology*, Nueva York, Basic Books.

Gough, K., 1968, "New Proposals for Anthropologists", *Current Anthropology*, 9 (5), pp. 403-407.

Gramsci, A., 1973, *Selections from the Prison Notebooks of Antonio Gramsci*, Hoare y G.N. Smith (eds.), Londres, Lawrence and Wishart.

Hastrup, K., 1990, "The Ethnographic Present: A Reinvention", *Cultural Anthropology* 5 (1), pp. 45-61.

Hinton, P., 1981, "Where Have the New Ethnicists Gone Wrong?", *Australian and New Zealand Journal of Sociology*, 17 (3), pp. 14-19.

Hobsbawm, E. y T.O. Ranger (eds.), 1983, *The Invention of Traditions*, Cambridge, Cambridge University Press.

Jameson, F., 1984, "Post-modernism, or the Cultural Logic of Late Capitalism", *New Left Review* 146, pp. 53-92.

Keyes, C.F. (ed.), 1981, *Ethnic Change*, Seattle, University of Washington Press.

Lepervanche, M. de, 1980, "From Race to Ethnicity", *Australian and New Zealand Journal of Sociology*, 16 (1), pp. 24-37.

Leonardo, M. de, 1990, "Otherness is in the Details", *The Nation*, 5 de noviembre, pp. 530-536.

Mafeje, A., 1971, "The Ideology of Tribalism", *The Journal of Modern African Studies*, 9 (2), pp. 253-261.

Marcus, G. E. y M. J. Fisher, *Anthropology as Cultural Critique*, Chicago-Londres, The University of Chicago Press.

Onoge, O., 1979, "The Counterrevolutionary Tradition in African Studies: The Case of Applied Anthropology", en G. Huizer y B. Manheim (eds.), *The Politics of Anthropology*, París-La Haya, Mouton, pp. 45-66.

Polier, N. y W. Roseberry, 1989, "Tritest Tropes: Post-Modern Anthropologists Encounter the Other and Discover Themselves", *Economy and Society*, 18 (2), pp. 245-264.

Rabinow, P., 1977, *Reflections of Fieldwork in Morocco*, Berkeley, University of California Press.

——, 1986, "Representations are Social Facts: Modernity and Post-Modernity in Anthropology", en J. Clifford y G.E. Marcus (eds.). *Writing Culture*. Berkeley-Los Ángeles-Londres, University of California Press, pp. 235-261.

Rebel, H., 1989, "Cultural Hegemony and Class Experience: A Critical Reading of Recent Ethnological-Historical Approaches", *American Ethnologist* 16 (1 y 2), pp. 117-136 y 350-365.

Ricoeur, P., 1971, "The Model of the Text: Meaningful Action Considere as Text", *Social Research*, 38, pp. 185-218.

Roseberry, W., 1982, "Balinese Cockfights and the Seduction of Anthropology", *Social Research*, 49, pp. 1013-1028.

——, 1989, *Anthropologies and Histories*, New Brunswick-Londres, Rutgers University Press.

Rushdie, S., 1988, *The Satanic Verses*, Nueva York, Viking.

Said. E., 1978, *Orientalism*, Nueva York, Vintage Books.

Samuel, R., 1981, *People's History and Socialist Theory*, Londres, Routledge and Kegan Paul.

Saul, J., 1979, "The Dialectics of Class and Tribe", *Race and Class*, XX (4), pp. 347-372.

Tyler, S.A., 1986, "Post-modern ethnography: From document of the ocult to ocult document", en J. Clifford y G. E. Marcus (eds.), *Writing Culture*, Berkeley-Los Ángeles-Londres, University of California Press, pp. 122-140.

Williams, R., 1978, *Marxism and Literature*, Oxford, Oxford University Press.

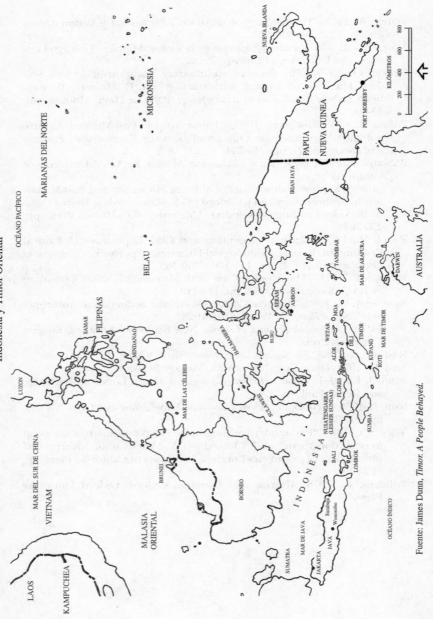

Indonesia y Timor Oriental

Fuente: James Dunn, *Timor: A People Behayed.*

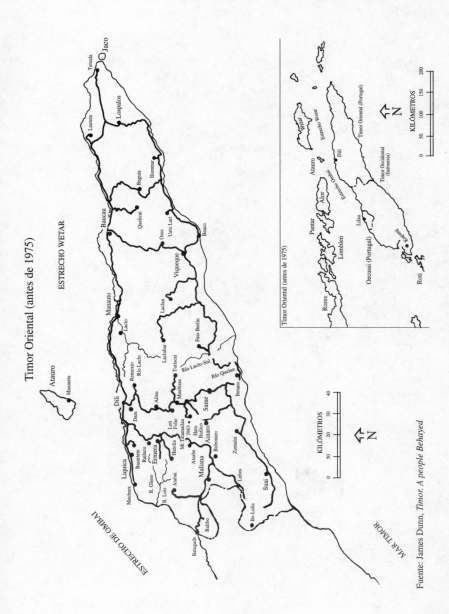

Timor Oriental (antes de 1975)

Fuente: James Dunn, *Timor. A people Behayed*

MINORÍAS NACIONALES E IDENTIDAD EN IRÁN

Luis Mesa Delmonte

El estudio del caso particular de las minorías nacionales y la identidad en Irán, resulta ser extraordinariamente atractivo si tomamos en consideración que es un país con una historia milenaria, centro de intercambios, propagación y aportaciones culturales, y espacio de abundantes experiencias de coexistencia y transformaciones (en ocasiones traumáticas) de formas de organización social, política y económica.

Sin embargo, el Irán de hoy, heredero de fuertes proyectos centralizadores e imperiales, exhibe una conformación caracterizada comúnmente como multilingüística y "multiétnica", con interesantes dinámicas no sólo identificables dentro de determinado "marco nacional", sino con implicaciones que trascienden ocasionalmente las fronteras físicas de uno de los estados de mayor extensión territorial a escala mundial.

En el dilema de la identidad en el caso iraní, parecen influir factores de muy diversa naturaleza, tradicionalmente tenidos en cuenta a la hora de abordar un estudio de este tipo: el pasado histórico, lo "tribal", lo "étnico", lo regional, lo nacional, lo preislámico e islámico, con tales grados de interrelación que dificultan la caracterización general, propician el estudio particular de los componentes, y hacen recomendable un tratamiento cuidadoso. El tema se hace aún más complejo si paralelamente pensamos en términos de estratificación económico-social, en el peso que ejerce el proceso de formación de estructuras estatales, y en la problematización que se deriva del empleo político e ideológico que hacen de estos elementos las cúpulas de poder.

Estamos en presencia de un país de más de 60 000 000 de habitantes, de los cuales la mitad es identificado como persa, donde 99% de toda la población es musulmana, y específicamente 93.4% es seguidor de la doctrina shiita del Islam.[1] El farsi es la lengua predominante —generalmente considerada como *lingua franca*—, junto a otras 67 lenguas vivas en todo el territorio.[2] Es además un país en el cual, según afirma buena cantidad de autores, han existido y aún se conservan algunas estructuras de carácter "tribal" en determinados grupos poblacionales, y donde además existen más de 2 000 000 de nómadas.

Según ha descrito Richard Nyrop:

> Invasiones sucesivas de pueblos con lenguas indo-iraníes, semítica y turca, dieron lugar a una población heterogénea con una amplia diversidad de variaciones físicas, lingüísticas, y culturales. Las diferencias físicas disminuyeron por milenios de entrecruzamiento; cada una de las lenguas absorbió acepciones de las otras; y las diferencias culturales se hicieron menores en el curso de los largos contactos. No obstante, la población de hoy está consciente de los factores divisivos que se derivan de distintas procedencias étnicas, y esta actitud, aunque

---

[1] Diversos grupos a los que haremos referencia posteriormente en el trabajo constituyen otro 50%. Desde el punto de vista religioso, los musulmanes sunnitas (ya sean zayditas, hanafitas, malikíes, shafies o hanbalíes) representan 5.7%. Existen también cristianos, judíos, zoroastraianos y bahais. Datos más actuales tomados de *Almanaque Mundial 1999*, p. 341.

[2] Según *Ethnologue*, 13th Edition, Barbara F. Grimes (ed.), Summer Institute of Linguistics, Inc. 1996 (http://www.sil.org/ethnologue/countries/Iran.html), las lenguas que se hablan en Irán son: aviri-Vidari, árabe (del Golfo), árabe (mesopotámico) armenio, ashtiani, asirio neoarameo, azeirbaidjano (del sur), baluchi (meridional), baluchi (occidental), bashkardi, brahui, domari, dzhidi, eshtehardi, fars, farsi (o persa), gabri, gazi, georgiano, gilaki, gozarhani, harzani, hawrami, hazaragi, herki, kabatei, kajali, karingani, kazajo, khalaj, khoini, khorasani turco, khunsari, koresh-e rostam, koroshi, kurdo, kurmanji, lari, lasgerdi, luri, mandaico, mandaico (clásico), maraghei, mazanderani, natanzi, nayini, pashtu, qashqai, rashti, razajerdi, rumano balcánico, rudbari, salchuq, sangisari, semnani, senaya, shahmirzadi, shahrudi, shikaki, sivandi, soi, sorkhei, takestani, talysh, taromi, tat, turkmeno y vafsi.

en proceso de debilitamiento, sigue siendo un obstáculo importante para el desarrollo de un sentido de identidad nacional.[3]

Este primer intento de estudio tratará precisamente de identificar algunos de los principales aspectos y contradicciones que han estado presentes en el proceso hacia la formación de una identidad nacional iraní, y el papel que desempeñan las llamadas minorías nacionales "étnicas" y religiosas.

Al abordar lo "étnico" habría que tener en cuenta a Ali Banuazizi y Myron Weiner[4] cuando advierten que emplean el término "étnico" para referirse a grupos e individuos que se caracterizan a sí mismos sobre bases de una lengua común, origen, cultura, historia y valores compartidos, aunque en ocasiones este concepto de descendencia común tiene un carácter *mítico*, e incluso requiere de una particular diferenciación, pues puede emplearse para identidades "tribales" o para formas más recientes de identidad etnolingüística. Explican que en muchas sociedades del Medio Oriente, la nueva identidad etnolingüística es resultado de la erosión de las formas tradicionales de autoridad "tribal" a través de la sedentarización voluntaria o forzada de "tribus" en zonas urbanas, en las cuales estos grupos pueden conservar elementos de su identidad de origen e incluso en determinado momento —si se transforman en grupos políticamente activos— pueden llegar a presionar a las autoridades centrales en favor de una estatidad independiente.

Al respecto podemos llamar la atención sobre las muy diversas formas en que estos procesos ocurren, por lo que además de los casos en que efectivamente ha primado un espíritu independentista o secesionista, también hay otras comunidades que llevan su proyecto hasta propuestas autonómicas o confederadas,

[3] Richard F. Nyrop (ed.), *Iran. A Country Study,* American University, Washington, D. C., 1978, p. 139.
[4] Ali Banuazizi y Myron Weiner, *The State, Religion and Ethnic Politics. Afghanistan, Iran and Pakistan*, Syracuse University Press, 1986, pp. 2-3.

u otras que simplemente exigen a los poderes centrales mayor cuota de atención política y económica, pero sin cuestionarse el correspondiente "marco nacional". En otros casos también encontramos grupos que han sido prácticamente desintegrados, otros que en determinadas coyunturas han sido cooptados y neutralizados por el poder central, y grupos culturales que participan en un proceso de interacción cultural hacia una identidad nueva y distinta de sus puntos de partida.

Banuazizi y Weiner opinan que el proceso de transformación de la identidad "es bastante claro en Irán donde las identidades tribales han sido remplazadas casi completamente por las etnolingüísticas, particularmente entre las minorías más grandes del país".[5]

Por otra parte, Nikki Keddie también se ha referido a este tema opinando que el asunto tribal en Irán está relacionado tanto con la formación del Estado como con las minorías. Ha señalado que la mayor parte de los grupos tribales que han existido en el país ha tenido como lengua principal una distinta del persa, "pero en la mayor parte de los periodos históricos, sus modos de vida y producción han sido más importantes que su lengua para diferenciarse de los persas asentados",[6] e identifica dos grandes grupos: los que están localizados en las regiones periféricas del territorio con vínculos extrafronterizos y generalmente sunnitas, y los que constituyen entidades menores, ocasionalmente organizados en las llamadas "confederaciones tribales" generalmente shiitas.

Lois Beck, probablemente uno de los antropólogos con mayor obra reconocida especializada en Irán, advierte que en el estudio de algunas comunidades específicas ha empleado el término *tribu* a pesar de los problemas conceptuales que el mismo puede acarrear, pues encuentra difícil hallar una terminología alternativa adecuada y que sea capaz de re-

---

[5] *Op. cit.*, Banuazizi y Weiner, *The State, Religion...*, p. 3.
[6] Nikki Keddie, "Religion, Ethnic Minorities, and the State in Iran", en *op. cit.*, Banuazizi y Weiner, *The State Religion...*, p. 164.

presentar la naturaleza compleja y heterogénea que este componente ha tenido en la sociedad iraní. Otros términos como coalición, asociación, grupos de interés político, facciones, etc., los considera demasiado generales, y sugiere que:

> La idea de la tribu es entendida mejor como una categoría cultural que los miembros tribales y otros aplican en una diversidad de situaciones y contextos, y definen tanto situacional como contextualmente. Una tribu es una idea, una construcción cultural que comprende un grupo de principios que varían de acuerdo con las circunstancias. Las ideas referentes a las tribus tienen manifestaciones políticas, sociales y simbólicas. El término puede ser empleado con algunas precisiones, no de forma general, sino en contextos y periodos específicos.[7]

Beck también recuerda que *tribu* es un término que ha sido empleado de manera muy confusa para identificar elementos tan disímiles como pueden ser un grupo de personas, o formas de organización, o tipos estructurales, modelos de conducta, sistemas culturales, ideologías, etc., y en muchas ocasiones se ha convertido también en una pésima traducción de toda una rica gama conceptual presente en determinada estructura social a la que se le presta atención particular. Las nociones pueden ser totalmente distintas para los miembros de un grupo determinado, para los funcionarios del gobierno central y para los analistas foráneos.

Richard Tapper también coincide con Beck cuando considera que el término *tribu* es "notoriamente vago", con significado variado y que ha sido empleado por varias disciplinas para definir como semejantes a grupos humanos con características en ocasiones muy disímiles, e incluso no se sabe en muchas ocasiones a qué nivel es apropiado aplicar el concepto de *tribu* cuando se estudia determinada estructura con varios niveles de organización. "A la definición no contribuye

[7] Lois Beck, "Tribes and the State in Nineteenth and Twentieth-Century Iran", en Philip S. Khoury y Joseph Kostiner (eds.), *Tribes and State Formation in the Middle East*, University of California Press, 1990, pp. 187-188.

la terminología local, que incluye una variedad de palabras de origen turco-mongol y árabe, ocasionalmente empleadas de modo intercambiable y sin precisión en la literatura."[8] Critica además la concepción, bastante común en los estudios sobre Irán, de que las comunidades tribales siempre cuentan con una bien delimitada estructura política y liderazgo, y señala que "esta suposición es producto del punto de vista estatal, de acuerdo con el cual incluso el más autónomo de los habitantes del territorio sobre el cual se reclama soberanía, debe tener representantes y patrones identificables de organización. Las fuentes tienden a recogerlos como 'jefes' y 'tribus', aunque tales entidades existan solamente en el papel".[9]

En lengua persa, y desde una perspectiva urbana, el concepto *tribu* frecuentemente significó "nómada" u otros pueblos rurales más allá del alcance del gobierno central. Según Beck, los gobiernos intentaron rectificar el concepto de *tribu* para facilitar su propia administración, y los funcionarios gubernamentales las consideraron como cuerpos corporativos con membresía y territorios fijos, e hicieron listas y mapas detallados.

Tales actitudes y las políticas que resultaron de las mismas crearon y fortalecieron las fronteras físicas, políticas y sociales. Para las poblaciones tribales, que tenían probablemente una noción más exacta de tribu que los foráneos, el asunto no era tan problemático. Vivieron en medios en los cuales su propia identidad tribal y la de los otros eran características destacadas y formas importantes de clasificar a la gente. El problema para los cientistas sociales es comprender qué significaba lo tribal para gente de diferentes contextos y circunstancias y discernir patrones y procesos en las expresiones políticas, sociales y simbólicas de gente que se autoproclamó miembro de una tribu.[10]

---

[8] Richard Tapper (ed.), *The Conflict of Tribe and State in Iran and Afghanistan*, Croom Helm, 1983, p. 6.

[9] *Op. cit.*, Richard Tapper (ed.), *The Conflict of Tribe and State...*, pp. 7-8.

[10] *Op. cit.*, Lois Beck, "Tribes and the State...", p. 188.

Beck, por tanto, propone que es más apropiado hablar de *tribal*, o de *sociedad tribalmente organizada* en vez de *tribu*, pues determinar las fronteras alrededor de un solo grupo se hace difícil.

> Las identidades tribales no son fijas ni exclusivas, pues las categorías lingüística, étnica, religiosa, regional, clasista, residencial y ocupacional también identifican a los pueblos tribales. Identidades compuestas entrecruzadas y sobrepuestas impiden hablar de tribus como entidades claramente definidas y delimitadas […] La identidad tribal, tal como la étnica y la nacional, es una identidad imaginada basada en concepciones de la historia y la tradición continuamente revisadas dentro del contexto de circunstancias contemporáneas. La identidad es construida. Los pueblos tribales en Irán inventaron y reinventaron tradiciones de acuerdo con las condiciones sociopolíticas cambiantes. Cada grupo tribal estuvo compuesto por gente de diversos orígenes etnolingüísticos, así cada grupo desarrolló sus costumbres propias y crearon leyendas respecto a los orígenes. Los foráneos percibieron frecuentemente tales costumbres y leyendas como antiguas, del mismo modo en que percibían a los grupos propiamente […] Las tribus en Irán se formaron a partir de la intersección de la dependencia de los recursos (tierras para pastoreo y agricultura, agua, rutas migratorias, mercados), poderes y presiones exteriores, y agentes mediadores (líderes tribales, funcionarios gubernamentales, élites regionales, agentes foráneos y analistas incluyendo a cientistas sociales).[11]

Beck coincide en sus propuestas con las muy conocidas interpretaciones de autores como Eric J. Hobsbawn y Benedict Anderson cuando aseguran que la identidad nacional es un tipo de "tradición inventada", un "artefacto cultural" que es inventado por la imaginación colectiva, basado mucho más en creencias subjetivas que en realidades.

Todas estas advertencias metodológicas e ideas centrales deben ser tomadas en cuenta para evitar enfoques estereotipados y superficiales en cualquier intento de estudio, y para poder acercarnos lo más posible a una realidad "contextuali-

---

[11] *Ibid.,* p. 190.

zada", especialmente si pretendemos realizar una primera aproximación al Irán de hoy, observando cuál es la visión oficial y política al respecto, determinando el efecto de políticas de etapas anteriores y tratando de identificar al mismo tiempo cuánto de armonización y conflicto existe aún respecto al tema de las minorías y la formación de una identidad nacional iraní.

En la Constitución de la República Islámica de Irán, al hacerse referencia a estas realidades se estipula en el capítulo tercero, principio 19, que: "Los individuos del pueblo iraní gozarán de derechos iguales, cualquiera que sea su etnia o tribu. El color, la raza, la lengua y otras particularidades no serán motivo de privilegio". [12]

Es decir, que la propia carta magna actual iraní incluye terminologías que dan espacio para una amplia discusión, y aunque Ernest Gellner tiene parcialmente razón cuando sugiere que: "No nos toca juzgar qué es puro o no en las sociedades que estudiamos; pero sí nos corresponde percibir que los propios locales se preocupen de la diferenciación", [13] sí es importante que en nuestro esfuerzo tratemos de incluir siempre el mayor número de percepciones y ángulos analíticos posibles, y descartemos al mismo tiempo interpretaciones y esquemas que han sido impuestos a nuestras dinámicas de estudios durante años, brindando resultados notoriamente distorsionados.

De todas formas, y a pesar de las aclaraciones específicas que se hagan en cada caso, hay que tener mucho cuidado en el empleo de los conceptos, pues también puede ocurrir que una vez hechas las aclaraciones pertinentes, nos veamos nuevamente atrapados por la tentación de la utilización del concepto tradicional, y sin que sea nuestro propósito, limitemos en la práctica nuestras nuevas experiencias de estudio.

---

[12] *Constitución de la República Islámica de Irán*, Embajada de Irán en España, 1985, p. 13.

[13] Ernest Gellner, "The Tribal Society and Its Enemies", en *op. cit.*, Richard Tapper (ed.), *The Conflict of Tribe...*, p. 438.

No hay que contentarse obligatoriamente con lo existente, ni pretender "encajar" una particular realidad de estudio en determinado "marco" conceptual preconcebido. Precisamente el ejercicio más legítimo de las ciencias sociales tiene que estar acompañado de un permanente equilibrio y de complementación entre lo particular y lo más general, en la búsqueda de nuevas definiciones y categorías para realidades de estudio que jamás son estáticas, sino que están en cambio y transformación constante. No hay tampoco que obsesionarse con encontrar siempre respuestas perfectas y absolutas, pues en muchas ocasiones nuestro esfuerzo científico se hace muy valioso con el simple hecho de ir percibiendo, identificando y describiendo las principales dinámicas de determinada realidad de estudio, antes de llegar a etapas superiores de razonamiento y teorización.

Pero antes de abordar el debate más actual sobre estos temas resulta útil hacer referencia sintética al desarrollo histórico del país, al origen de la denominación de lo persa, a su legado preislámico e islámico, y a su riqueza de intercambio cultural.

La historia escrita en Irán comienza 2 500 años atrás durante los aqueménidas. Desde entonces y hasta el siglo VII en que llega el Islam, los principales documentos que existieron fueron escritos por los griegos, y en ellos se refirieron a esta región como Persia, aunque la denominación más común para toda la región desde sus orígenes había sido la de Irán, "tierra de los arios".[14]

Por lo general, se reconoce que los iraníes son descendientes principalmente de los arios, aunque en la actualidad aparecen muy integrados con muchos otros grupos. Originalmente en esta zona habitaban "antiguos asiáticos" (que no eran ni semíticos ni arios)[15] que ocuparon toda la región desde el Turkmenistán de hoy hasta el Mediterráneo, hasta

---

[14] Persia era sólo la región sudoccidental, pero se generalizó su uso.
[15] Los elamitas fueron uno de estos grandes grupos que desarrollaron una importante civilización.

que llegaron a la meseta iraní las primeras oleadas de arios en el primer milenio antes de nuestra era.

Los arios fueron una rama de los pueblos que hoy se conocen como indoeuropeos, ancestros de algunas de las poblaciones de India, Irán y Europa, con lenguas derivadas del sánscrito. Comenzaron sus migraciones hace 3 000-4 000 años en tres direcciones: Asia Menor, meseta iraní (por Azeirbaidján y al este del mar Caspio) y hacia la India. Además de las oleadas sucesivas arias, también gradualmente fueron penetrando en la región otros dos grupos principales: tribus, desde el norte, y los semitas desde Mesopotamia

En el año 550 a.n.e. Ciro el Grande creó un poderoso imperio al unificar los dos reinos de los medas (zona noroccidental) y los persas (sur) y realizó importantes conquistas. Los aqueménidas fueron la dinastía seguidora de Ciro, y realizaron conquistas hacia el oeste, sufriendo derrotas famosas como la de Darío I en Maratón ante los griegos, y la decisiva de Darío frente a Alejandro en el año 323 antes de nuestra era.

A la desaparición de Alejandro siguió primero el dominio seleucida, y luego ocurrió la división en varias regiones independientes: Parsa, Bactria, Parthia e Hircanya. Parthia logró imponerse como dinastía por 300 años convirtiendo la zona en un importante vínculo comercial entre Oriente y Occidente con la conocida Ruta de la Seda, hasta que en el 220 n.e. Ardeshir, rey de Parsa se rebeló contra los Parthios, los derrotó y fundó la dinastía sasánida, que durante siglos se enfrentó a Roma.

La llegada del Islam en el siglo VII significó el colapso del imperio sasánida, y aunque se escenificaron importantes rebeliones contra el dominio árabe de los omeyas y los abasidas, el nuevo credo permaneció, desarrollándose fundamentalmente su vertiente shiita.

También los turcos, originarios de las montañas de Altai en Asia Central comenzaron a emigrar hacia la meseta iraní desde el este y el norte por ambos lados del mar Caspio, y ya para el siglo XI, varios reyes de origen turco (selyúquidas) dominaban en varias regiones del Irán dividido.

En 1220 ocurrió la conquista violenta de varios reinos iraníes por parte de Gengis Khan, y a la muerte de éste, se da un nuevo proceso de independencia de varios reinos iraníes.

En 1393 la historia iraní recoge un "desastre" semejante al repetirse una situación parecida con la invasión de Teymoor Lang (Tamerlane), tártaro cuyos ancestros se habían convertido al Islam y practicante de un sunnismo devoto y por consecuencia marcadamente antishiita. Sin embargo, a su muerte en 1405 lo sucedió su hijo Shahrokh, adorador de la cultura y lengua persas (se dice que se sintió más iraní que tártaro) y dio pie para el surgimiento de la llamada Época de Oro con el imperio safávida.

La dinastía safávida (1501-1722) es conocida por su gran auge cultural, además de por haber desarrollado grandes contiendas bélicas contra los otomanos en el noroeste, los uzbekos en el noreste y con los portugueses en la región del Golfo. En esta etapa, los grupos lingüístico-culturales considerados como "persas" lograron ocupar posiciones máximas dentro de la pirámide social, en la cual se logró recuperar la tradición de grandes dinastías nacionales propiamente iraníes, que había cesado desde la caída de los sasánidas.

Al derrumbe safávida siguió una fuerte lucha entre distintos grupos regionales que pretendían tomar el poder central y fundar su propia dinastía, hasta que los qajar, originarios de las regiones litorales del mar Caspio, lograron imponerse y desarrollar un nuevo proyecto unificador.

Es muy importante tener en cuenta que los intentos unificadores realizados por la dinastía Qajar (1796-1925), y que tuvieron continuidad con los dos monarcas Pahlevi, fueron realmente traumáticos en lo que respecta al tratamiento de las minorías nacionales existentes en el país.

Los qajar retomaron los conceptos safávidas referentes al poder absoluto del soberano y se empeñaron en consolidar la autoridad central, para lo cual "una amenaza clave para la estabilidad del Estado y para la paz en las zonas rurales lo constituía el sistema tribal"[16] a partir del cual se habían generado particulares dinámicas de conflicto en etapas anteriores, y en el cual se apreciaban notables espacios autonómicos que escapaban y en ocasiones enfrentaban y cuestionaban cualquier propósito de administración centralizante.

La política de los qajar fue muy hábil para destruir, o cuando menos debilitar considerablemente la fuerza de estas comunidades, utilizando y exacerbando las rivalidades existentes entre estos grupos, y dentro de los mismos, en vez de atacarlos e intentar dominarlos directamente. En este periodo se creó la Confederación tribal Khamseh para enfrentarla a la poderosa Confederación tribal Qashqai en la región de Fars, al mismo tiempo en que otros grupos fueron golpeados o totalmente desintegrados mediante el uso de la fuerza, artificialmente reubicados, obligatoriamente sedentarizados, e incluso llegó a propiciarse la migración hacia centros urbanos.

Dicha estrategia también consideraba el arresto de líderes locales sublevados y las ejecuciones ocasionales de los mismos, implantándose en algunos lugares a funcionarios del gobierno central y favoreciéndose en otros casos el ascenso de nuevos líderes más dóciles frente al poder qajar. Igualmente se aplicó el efectivo método de vinculación y neutralización mediante matrimonios con algunas de las cúpulas de grupos importantes, lo que propició que los grupos que se inclinaron por una mayor armonía tuvieran representatividad y canales de comunicación con el poder central. Desde el punto de vista estratégico se dieron pasos importantes para la creación de un ejército central, aunque los efectivos de los grupos tribales siguieron siendo decisivos para la acción militar especialmente en sus zonas particulares.

No obstante, al disminuir notablemente el control del gobierno qajar a fines del siglo XIX y principios del XX, ocu-

---

[16] *Op. cit.*, Richard Tapper (ed.), *The Conflict of Tribe and State...*, p. 23.

rrió una nueva revitalización de varios de los proyectos de poder en la escala regional en el país, en una etapa considerada como de revueltas y anarquía, a lo que siguió el ascenso de Reza Shah con una clara política de fuerza extrema desde los mismos inicios.

Desde el siglo XIX Irán había entrado en el gran juego geopolítico mundial, y varias potencias de entonces proyectaban marcadamente sus intereses sobre la región. Especialmente Gran Bretaña favoreció la formación de un gobierno central encabezado por Reza Shah para intentar lograr la unidad del país y defender los intereses británicos. Éste ascendió al poder en 1925 cuando el parlamento destituyó al último rey de la dinastía Qajar, y nombró entonces a Reza Khan como shah, estableciéndose así la dinastía Pahlevi, y con ello el regreso de los persas al poder central.

El nuevo monarca se inclinó en favor de fuertes ideas "modernizadoras" y occidentalizantes que clamaban por la formación de un sólido Estado central y "moderno", por un desarrollo industrial y por la unidad nacional a toda costa. Por tanto, la multiplicidad cultural o cualquier estructura de poder que pretendiera no estar atada al mismo era algo considerado "atrasado y primitivo", anacrónico e incompatible con los proyectos y la legalidad de la modernidad, y que debía ser transformado en el menor tiempo posible y al costo que fuera necesario. Como instrumento clave para dicha tarea se fortalecería considerablemente al ejército y se extendería la acción y el control de los aparatos burocráticos del Estado, aunque también se mantuvo en algunos casos un alto grado de cooperación con determinadas cúpulas de poder local tradicional. Con lo cual se logró la imposición de un modelo de poder desde el centro y se arremetió militarmente contra toda manifestación de resistencia; al mismo tiempo se insistió en la sedentarización forzada de grupos nómadas y en el traslado de otros sedentarios, lo que en general, tuvo efectos económico y social desastrosos.

Desde el punto de vista ideológico el nuevo monarca insistió en fortalecer el nacionalismo persa, secular, y con base esencial en el legado preislámico del país, que finalmente lo llevó a sustituir el nombre de Persia por Irán, y a denominar a su monarquía como pahlevi, es decir, con el mismo nombre con el que se reconocía la lengua persa media de etapas preislámicas.

Durante la segunda guerra mundial y tomando en consideración la posición de simpatía del shah hacia los alemanes (explicada no sólo por su tradicional enemistad con Moscú, sino también por la recuperación de las tesis del origen e identidad aria), los aliados ocuparon Irán (1941) y Reza Shah fue obligado a abdicar en favor de su hijo Mohammed Reza Pahlevi. Luego, durante la etapa de ocupación soviética y británica, así como de la corta experiencia del gobierno de Mossadeg, se experimentó nuevamente cierta revitalización de las demandas y movimientos de carácter local, hasta que el shah Reza Pahlevi logró retomar la tradicional política contra los grupos minoritarios que había desarrollado su padre.[17] Algunos elementos centrales de la misma fueron: la eliminación de líderes locales, la política de sedentarización forzada, la prohibición de difusión de sus lenguas y culturas junto a la imposición de lo persa, el desarrollo de formas "modernas" de producción agrícola a las cuales debían incorporarse las diversas poblaciones rurales, ya fueran nómadas o sedentarias, agricultoras o pastoreras (proceso al que se le daría notable impulso con la llamada Revolución Blanca de los años sesenta); la represión y aniquilación absoluta de cualquier tipo de sublevación, la industrialización y modernización capitalistas frente al "atraso nómada y tribal", la nacionalización de las áreas de pastos y tierras de cultivo, y el estricto control de la actividad comercial.

---

[17] En 1953 se creó el Consejo Tribal Supremo cuyo propósito era forzar la sedentarización e incrementar la contribución de los diversos sectores a la economía nacional.

Sin embargo, la alteración de estas fórmulas tradicionales resultó nuevamente en una gran disminución de la producción agrícola y ganadera, acompañada paralelamente de un fortalecimiento del modelo importador y de la venta de productos básicos subsidiados. Obviamente estos grupos culturales quedaron cada vez más en situación de notable atraso y aislamiento, pues no fueron objeto de programas de desarrollo económico y social, no tuvieron acceso a los beneficios crecientes generados de la renta petrolera del país, sufrieron un fuerte proceso de disolución y asimilación, y algunos quedaron como "anacronismos folklóricos" para ser "descubiertos" por algunos proyectos académicos y por turistas.

A pesar de esta política tan severa, siguieron ocurriendo varios movimientos de demandas importantes que acompañaron a la creciente ola antimonárquica escenificada a fines de los años setenta. Según Tapper: "Independientemente de la coloración política de los diversos movimientos, éstos demostraron el creciente resentimiento por la discriminación tanto en la escala local como nacional y por la imposición étnica respecto a la autoridad, y articularon aspiraciones en favor de algún tipo de autonomía regional y por el derecho a sus expresiones culturales".[18]

El triunfo de la revolución islámica de 1979 revitalizó enormemente el debate respecto a la "identidad nacional". El súbito proceso político que logró aunar los esfuerzos de distintos estratos y sectores de la población con una fuerte oposición hacia el sistema político-económico imperial y a todos los valores que representaba, motivó que en los primeros momentos se buscara una nueva identidad revolucionaria que diera prioridad absoluta al elemento islámico como el más puro, siempre presente, de mayor fuerza y carácter supremo. Especialmente el Islam shiita duodecimano se levantaba como el pilar principal de la identidad colectiva iraní revolucionaria, en detrimento de las exhortaciones unifica-

---

[18] *Op. cit.*, Richard Tapper (ed.), *The Conflict of Tribe and State...*, p. 29.

doras y de identidad nacional propuestas por años de monarquía pahlevi que se remontaban a la larga historia del país, a lo originalmente persa y preislámico.

La herencia etnolingüística persa y el legado preislámico eran sustituidos por un punto referencial muchísimo más amplio que abarcaba casi todo el conglomerado poblacional. Se eliminaban, consecuentemente, las posibles diferencias entre los principales grupos del país, se exhortaba a un nuevo proyecto antimonárquico, antiimperialista, a una nueva república de carácter islámico donde las principales figuras religiosas se hicieran cargo del poder, al estudio de la lengua árabe como de enorme trascendencia por ser la del Corán, y a la recuperación más plena y el fortalecimiento de las tradiciones islámicas frente a las imposiciones "occidentalizantes" de la etapa del Shah.

A pesar de las dificultades para definir lo étnico, y del carácter no estricto del término, los grupos con identidades fundamentalmente persa siguieron entonces desempeñando un papel central en el proceso político-económico iraní. Según Beck, en un trabajo de 1980:

> Los persas dominan todas las áreas urbanas del Irán central y de la meseta. La mayoría de las altas figuras religiosas son persas. El poder y las riquezas nacionales están concentradas en manos persas. El segmento mayor de las clases altas es persa. Los persas ocupan la mayor parte de los puestos gubernamentales, son los más educados y profesionalmente entrenados. Además su lengua y su cultura dominan la nación, propagadas desde el centro.[19]

El joven proceso de transformaciones se hizo atractivo también para algunas comunidades que habían sido fuertemente reprimidas durante la época del Shah y ahora levantaron de nuevo reclamos que oscilaron entre peticiones secesionistas, autonómicas o simples demandas de carácter

---

[19] Lois Beck, "Revolutionary Iran and its Tribal People", *Merip Reports*, mayo, 1980, núm. 87, p. 14.

regional. No obstante, la nueva política se inclinó por la conservación del territorio soberano heredado y por la necesidad de llevar a cabo transformaciones políticas, económicas y sociales, pero dentro del mismo "marco nacional" existente. "El gobierno de la república islámica ha considerado planes para una descentralización o autonomía regionales limitadas, pero las propuestas dirigidas al establecimiento de una confederación, han sido rechazadas en favor de un estado unitario."[20]

Al tradicional activismo político militar kurdo se unieron demandas de grupos en el Baluchistán, y de turcomanos, así como de varios "grupos tribales" y organizaciones políticas de base regional muy debilitados o simplemente desaparecidas durante los años del shah, pero algunos de cuyos líderes regresaban al Irán revolucionario para llevar a cabo sus tradicionales peticiones, al mismo tiempo que en varias partes ocurrieron movimientos de recuperación de tierras nacionalizadas durante la etapa del shah.

Algunas interpretaciones tradicionales respecto al tema de las minorías se repitieron con rapidez, insistiéndose en la necesidad de mantener la unidad nacional islámica, frente a cualquier intento secesionista, separatista o "conspiración diseñada desde el exterior" por los enemigos de la revolución islámica. Las ideas de un Kurdistán independiente, o del "Gran Azeirbaidján", de un Baluchistán unificado, o de cualquier tipo de reactivado arabismo en la región del Khuzestán, serían inmediatamente considerados como contrarios al nuevo proyecto. Esto es particularmente importante cuando a la dinámica local de cuestionamiento del poder central se añade el factor de identificación con un contexto regional que sobrepasa los límites fronterizos.

En algunos de estos casos, la respuesta del poder central fue violenta; en otros, se abrieron canales de diálogo y se brin-

---

[20] Patricia Higgins, "Minority-State Relations in Contemporary Iran", en *op. cit.*, Banuazizi y Weiner, *The State, Religion and...*, p. 174.

daron incentivos económicos, y otros más simplemente no lograron revitalizar su base mínima para el planteamiento de demandas. Pero en todo momento fue claro el interés del nuevo gobierno central por impedir que cualquier tipo de descontento de base regional o "étnica" pudiera ser empleado por actores vecinos.

De cualquier manera, una visión conservadora nacionalista que vea en cualquier demanda local un caso para el desencadenamiento de un interminable proceso de secesiones y separatismos, siempre será incompleta en la medida en que no tome en consideración otros muchos elementos de índole estratégica y económica que también tienen peso en estas valoraciones, y podrá ser injusta y discriminatoria si no logra abrir un espacio adecuado para percibir con nitidez demandas y argumentos locales y profundizar en los grados de respuesta a los mismos. Igualmente tendrán mucho de artificial aquellas demandas que, motivadas por razones políticas, económicas y sociales, perfectamente identificables, intenten emplear exageradamente el componente "étnico" de la identidad y centrar en ello sus reclamos.

Realmente en estos últimos 20 años no se han mostrado muchas situaciones tensas con las llamadas minorías nacionales en Irán, y ello debe explicarse por varios factores como: *a*) el notable debilitamiento de las élites regionales y de estructuras socioeconómicas tradicionales en las mismas; *b*) los planes gubernamentales, aún insuficientes, pero viables, para el avance económico-social de las diversas regiones del país, especialmente las menos favorecidas; *c*) el proceso limitado de recuperación de tierras por algunos pastores nómadas y seminómadas, en lo que constituyó cierta reversión del proceso de sedentarización forzada del shah para determinadas comunidades. Aunque de todas formas para las autoridades iraníes esto siguió siendo un reto: ¿adelantar programas de transformación económica y social en todas las regiones o aplicar en algunos casos una política de *laissez faire?*, y *d*) el proceso histórico general de intercambio e intervinculación cultural que se sigue desarrollando.

Es evidente que el componente nacional de la identidad iraní ha seguido avanzado también y que en varias ocasiones aquéllas consideradas como minorías, a las cuales se les había pronosticado un comportamiento mucho más localista que nacional, no se comportaron como tales. Sin duda alguna un caso neurálgico al respecto lo podía haber sido la población de origen árabe que habita la provincia del Khuzestán (Arabistán para los árabes), durante los ocho años de guerra irano-iraquí.

Esta provincia no solamente fue escenario principal de las acciones bélicas, sino que al contener 90% de los recursos energéticos de Irán devino altamente estratégica. La estrategia de ataque iraquí concibió en sus inicios que la población local de origen árabe y sunnita se identificaría y se uniría inmediatamente a las fuerzas árabes iraquíes, y se rebelarían contra el poder central persa y shiita. Sin embargo no sucedió así y la población local se unió decididamente al esfuerzo de guerra en nombre de Irán y de la República islámica.

De cualquier manera es muy difícil poder hablar de una "iranidad" o de una identidad iraní única, cuando tratamos con varias comunidades presentes en el país y que evidentemente deben tener varios ingredientes en su composición de identidad particular, especialmente aquellas que se identifican con mucha fuerza con un contexto inmediato que trasciende las fronteras nacionales y con el cual comparten una historia. Ya vimos un ejemplo notable con la población de origen árabe, pero también existen otros muchos como en el caso de los azeirbaidjanos, comunidad de importantes dimensiones en algunas ciudades (especialmente en Teherán) que ha experimentado un elevado proceso de fusión con persas y otros grupos; o como también ocurre con varios grupos que pueden conservar algunos ingredientes de identidad derivados de un pasado "tribal", pero que hoy aparecen tanto en escenarios rurales (nomádicos y sedentarios), como en contextos urbanos, ocupando diferentes espacios dentro de toda una amplia gama de estratificación social y con crecientes intervinculaciones con otros grupos, y por ende con un esquema de identidad muchísimo más amplio y complejo.

Si en etapas anteriores era difícil poder hacer divisiones tácitas entre grupos poblacionales de diferente ascendencia, al menos lingüística, hoy la tarea se hace aún más difícil, pues los procesos de fusión culturales se hacen mayores con el paso del tiempo. Esto no quiere decir que estemos en presencia de un perfecto crisol civilizatorio, sino de un proceso en el cual las determinaciones tienen mucho de aproximación y poco de límites exactos, y en el cual las nuevas identidades resultantes están conformadas por ingredientes diversos que deben ser objetivamente identificados.

En cuanto a las minorías religiosas, sólo la secta *bahai* ha sido objeto de persecusiones y de prohibiciones, por ser considerada como un credo falso y antiislámico por la revolución iraní.[21] En los primeros momentos, otras minorías religiosas, especialmente los judíos (que tuvieron una alta tasa de emigración) y los zoroastrianos, pensaron que tendrían enormes dificultades en el nuevo proceso eminentemente islámico y shiita; con excepción de algunos casos aislados no ocurrió un esperado proceso de represión o arremetida contra los mismos, aunque sí existen algunas restricciones; por ejemplo, los judíos y los cristianos pueden ser llamados al ejército, pero no pueden cursar carrera militar ni ocupar cargos político-gubernamentales ni puestos "sensibles".

En los principios constitucionales 12 y 13 se recoge que:

La religión oficial de Irán es el Islam y la doctrina yafarí duodecimana. Este principio es inmutable *ad eternum*. Las otras doc-

---

[21] El bahaísmo es una religión originada en Irán en 1840 como un movimiento reformista que siempre fue visto con hostilidad y considerado herético, apóstata y nocivo. A fines del siglo XIX la cúpula bahai emigró hacia la Palestina Otomana — hoy Israel— donde siguieron desarrollándose las doctrinas del credo al incorporar elementos del judaísmo y otras grandes religiones.

trinas islámicas tales como la hanafí, shaafí, malikí, hanbalí y zaidí gozarán de total respeto y los seguidores de las mismas serán libres de practicar las ceremonias religiosas de acuerdo con su jurisprudencia [...] Los iraníes zoroastrianos, judíos y cristianos son las únicas minorías religiosas reconocidas que gozarán de libertad para practicar sus ceremonias dentro de los límites legales y para actuar de acuerdo con sus principios en materia de estatuto personal y de enseñanza religiosa.[22]

Pero también al triunfo de la revolución islámica, y dentro del fuerte debate respecto a la nueva identidad se llegaron a hacer, incluso, fuertes críticas y ataques contra la lengua y literatura persas;[23] y hasta el propio Ferdousi, figura máxima de la literatura persa y autor de su más destacada obra el *Shahnameh*, fue cuestionado. Se arremetió contra toda la herencia cultural e histórica preislámica, como una historia de reyes corruptos sobre la cual el shah derrocado había tratado de obtener legitimidad; se rechazó todo lo relacionado con la modernización del shah y con la simbología nacionalista persa impulsada por él; se llegaron a cuestionar aun festividades tradicionales como el año nuevo persa (*no-ruz*), intentando sustituir todo ello por una exaltación de la historia a partir del siglo VII y del legado del Imán Alí.

Es importante recordar que los intentos legitimadores de la monarquía iraní habían llegado al punto de autocatalogarse como dinastía Pahlevi (en alusión a lo lingüístico preislámico), por lo que, tanto Reza Shah como su hijo Mohammed Reza Pahlevi dieron siempre enorme impulso al proceso en favor de la "purificación" de la lengua persa, eli-

---

[22] *Op. cit., Constitución...*, pp. 9 y 10.

[23] Respecto a la lengua persa hay que recordar que se desarrolla entre los siglos IX y XI, y luego del impacto de la dominación árabe-islámica abandonó su escritura cuneiforme y adoptó los caracteres árabes. El Shahnameh de Ferdousi obra central de la cultura persa fue escrita en el siglo XI y se toma como ejemplo para distinguir lo eminentemente persa del resto de lo islámico. El persa antiguo llegó a Irán por el 1500 a.n.e. con la migración de una rama de los indoeuropeos conocida como indoiraní, la que evolucionó a Persa Medio (Pahlevi) y luego de la conquista árabe a Persa Nuevo. Irán fue la región más grande del Oriente Medio que logró mantener su lengua luego de la llegada de los árabes.

minando consecuentemente los vocablos procedentes no sólo de las lenguas europeas, sino también del turco y del árabe, sin tener ninguna consideración especial respecto a este último como lengua coránica.[24]

Al caracterizar este debate, Mehrdad Kia ha señalado que, de una parte, se encontraron quienes se oponían por completo a tal idea considerando que la incorporación de vocablos y términos árabes había fortalecido al persa, y que su eliminación contribuiría además a debilitar la herencia literaria iraní e islámica y los vínculos con vecinos árabes y musulmanes. Sin embargo, para algunos sectores imbuidos de un fuerte nacionalismo y de un marcado sentimiento antiárabe, "la existencia de palabras árabes sólo servía para recordar el dominio extranjero sobre la cultura iraní […] El persa era una lengua indoeuropea que había sido contaminada por el árabe, lengua semítica impuesta a los iraníes por los árabes musulmanes que conquistaron el imperio sasánida […], la purificación del persa era un asunto de orgullo nacional directamente vinculado con la glorificación de la era preislámica del país".[25] Otros ubicados en el centro del espectro se mostraban favorables a la eliminación del exceso de vocablos árabes, pero reconocían que la influencia de esa lengua ya era histórica y no podría negarse ni revertirse.

Según ha observado Shahrokh Meskoob,[26] los ulama fueron quienes menos contribuyeron históricamente al desarrollo de la lengua persa, pues se inclinaron por el árabe del mensaje islámico. Los musulmanes agnósticos (poetas y escritores sufis) y los miembros del aparato burocrático-político fueron quienes lo desarrollaron como lengua de comunicación, diplomática, literaria y administrativa, hasta que,

---

[24] No puede perderse de vista que en la base de estas contradicciones aparecían fuertes antagonismos clasistas entre los distintos sectores de la burguesía industrial, financiera y mercantil-tradicional.

[25] Mehrdad Kia, "Persian Nationalism and the Campaign for Language Purification", *Middle Eastern Studies*, abril de 1998, pp. 9-36 (tomado de *proquest*).

[26] Shahrokh Meskoob, "Iranian Nationality and the Persian Language", entrevista con el autor, tomado de internet http://www.mage. com/ nat.html.

con el paso de lo siglos, se fue convirtiendo en la lengua más importante de toda la región y elemento de la identidad nacional persa.

Hoy en día unos plantean que el persa, como lengua común o franca, tiene un obvio papel como elemento cultural con el cual toda la población del país se identifica. Sin embargo, otros siguen argumentando que otorgar centralidad a la cultura persa y su lengua, siempre ha sido un ejercicio de imposición. Otros autores reclaman la necesidad de lograr un equilibrio y posibilidades de desarrollo cultural-lingüístico entre lo predominantemente persa y lo que no lo es, y a partir de ello testimoniza la necesidad de seguir escuchando en el contexto actual las demandas de las minorías nacionales tanto étnicas como religiosas.

En la Constitución de la República Islámica también se recoge un principio que norma jurídicamente el empleo de las lenguas:

> La lengua y la escritura oficial y común del pueblo iraní es el farsi y los documentos públicos, la correspondencia, los textos oficiales y los libros de enseñanza deben estar redactados en esta lengua y escritura. Sin embargo, se permite el uso de las lenguas locales y tribales en la prensa y en los medios públicos de información, así como enseñar su literatura en las escuelas junto con la lengua farsi. [27]

Aparentemente esto se ha respetado en la práctica aunque el esfuerzo educacional principal se sigue impartiendo y divulgando en lengua persa. En este campo, Marcel Bazin, no obstante, observa que se ha avanzado notablemente al eliminarse la visión "folklorista" que existía en la etapa del shah respecto a las diversas comunidades culturales presentes en el país, y al complementarse el estudio de la geografía de Irán con estudios sobre la provincia en particular.[28]

[27] *Op. cit., Constitución...*, p. 11.
[28] Marcel Bazin, "Identité Ethnique et Identité Régionale en Iran et Asie Centrale", *Revue des Mondes Musulmanes et de la Méditerranée*, núms. 59-60, 1991.

El debate sobre la identidad se sigue dando actualmente aunque con matices y reorientaciones. Los intentos iniciales de buscar una nueva identidad que rechazara los argumentos de la dinastía derrocada y que se basara en elementos absolutamente islámicos, se han transformado. Hoy se impulsa con gran fuerza todo aquello que contribuya a la legitimidad y a la identidad islámica del proceso iraní, pero paralela y paulatinamente se han retomado los ingredientes de la tradicional identidad persa, sin llegar a las posiciones extremistas manifestadas durante la monarquía. Se puede percibir un proceso de combinación entre lo islámico y lo persa en la actual construcción de la identidad iraní, dentro de otros muchos elementos de diversa índole, en lo cual pudo haber influido la temprana guerra defensiva con Iraq y todo el esfuerzo que hubo que hacer en el plano material y el ideológico, incorporando tanto ingredientes islámicos, como nacionalistas y patrióticos. Pero también tiene que ser resultado de un proceso dialéctico de antagonismos y reacomodos de elementos políticos, económicos e ideológicos presentes en el proceso iraní. Para Nikki Keddie, "El nacionalismo ha sido reavivado, aunque oficialmente combinado con el Islam e incluso nuevamente se insiste en las glorias preislámicas".[29]

Esta nueva identidad que se construye pretende brindar respuestas parciales para los variados imperativos de índole política, ideológica, económica y social del Irán de hoy; pero también el peso de estos mismos imperativos seguirá influyendo en el dilema y formación de la nueva, o más exactamente, de las nuevas identidades que se siguen conformando en el contexto iraní.

Para terminar, pudiéramos citar consideraciones tanto de Bazin como de Boroujerdí, que parecen recoger con bas-

---

[29] Nikki Keddie, "Iran: Understanding the Enigma. A Historian's View", texto sin publicar para maestros de la Universidad de California, Los Ángeles (UCLA), agosto de 1998.

tante nitidez la realidad de las minorías nacionales en el Irán de hoy.

Según Bazin:

> Además de los esfuerzos conscientes por minimizar las diferencias étnicas —todas reconocidas en lo que es una política más hábil que la del anterior régimen que las negaba en bloque— el "cruce urbano" desempeña ciertamente un papel más importante en mezclar las etnias y en desarrollar una cultura nacional, occidentalizante ayer, e islamizante hoy. La perspectiva de una división de Irán bajo el impacto centrífugo de las etnias del cual se habló en los momentos de la crisis revolucionaria, parece pertenecer al pasado.[30]

Sin embargo, Boroujerdí nos advierte que:

> Ha llegado el momento de reconocer que muchas de estas minorías —baluchis, kurdos y turcomanos— nunca han sido incluidas o integradas plenamente dentro de la sociedad iraní. Debido a una constante discriminación económica y política, estas minorías simplemente aceptan el dominio de élites persaparlantes, pero abrigan sentimientos irredentistas o separatistas, latentes o activos. Las élites políticas iraníes, las que hasta ahora han tratado más a sus poblaciones minoritarias como objetos que como ciudadanos, una y otra vez han sido irresponsables en sus relaciones con las minorías étnicas. En vez de intentar ganar sus mentes y corazones, los gobiernos centrales frecuentemente han recurrido a la amenaza o al uso de la fuerza militar. La única garantía a largo plazo para la integridad territorial y unidad nacional de Irán, radica en desarrollar las bases para la ciudadanía —como colectividad y no como entes de gente desorganizada— para compartir un sentido de identidad nacional, lealtad a la patria y destino histórico (prosperidad económica, justicia social y libertad política) [...] Los particularismos locales, religiosos y sectarios podrán perder sus tendencias destructivas y de no asociación una vez que se creen nuevas formas de conciencia cívica.[31]

---

[30] *Op. cit.*, Marcel Bazin, "Identité Ethnique…"
[31] Mehrzad Boroujerdí, "Contesting Nationalist Constructions of Iranian Identity" (sin publicar), 1998.

En eso radica efectivamente la trascendencia del reto para el Irán de hoy, y la importancia de cualquier intento de estudio y discusión sobre el tema de sus minorías nacionales e identidad.

Estamos en presencia de un espacio importantísimo donde se ha experimentado un histórico e intenso grado de intercambios, interacciones y fusiones culturales que obligatoriamente nos brindan cada día nuevos resultados, en un territorio geográfico donde han coexistido, interactuado y antagonizado agrupaciones humanas con múltiples formas de comportamiento económico, político y social. Probablemente estemos en presencia, también, de uno de los más ilustrativos casos que nos permiten ejemplificar la multiplicidad de ingredientes que, con un comportamiento dinámico y predominancia coyuntural alternativa, intervienen en el complejo proceso de formación de las identidades.[32]

ANEXO

Sin hacer caso omiso a las advertencias recogidas anteriormente en el trabajo respecto a las dificultades e inexactitudes que surgen al tratar de identificar a los grupos nacionales, sí parece útil intentar un inventario sintético de las comunidades poblacionales más importantes generalmente reconocidas por la literatura especializada. Este tipo de trabajo se dificulta considerablemente por las limitaciones bibliográficas, ya que no existen estudios generales (aunque sí particulares sobre kurdos, qashqais, bakhtiaris, shahsevanos y zoroastros) ni da-

---

[32] La identidad de un individuo parece estar integrada por diversos componentes de distinto tipo (cultural, histórico, clasista, socioeconómico, ideológico, sicológico, religioso, local, nacional, regional, etc.), no sólo en vinculación constante entre ellos mismos, sino con el contexto particular circundante. En este proceso dinámico, los factores componentes o ingredientes de la identidad parecen alternar en su ordenamiento de prioridades o jerárquico, según y en reacción con las coyunturas también cambiantes.

tos estadísticos actualizados al respecto. Las informaciones aparecen muy dispersas y abundan las estimaciones.

Kurdos. Ubicados en el noroeste del país; aproximadamente cinco millones en Irán. Hablan kurdo, lengua cercana al persa, pero con elementos del turco y del árabe. La mayoría es sunnita (75%) y 25% shiita. Practican también el sufismo. Es sedentario 95%. Históricamente han sido la comunidad de demandas autonómicas más fuertes. En el siglo XVII grupos kurdos fueron obligados a asentarse en territorios de Baluchistán y Khorasan para debilitarlos y enfrentarlos a otros grupos locales. Han tenido una muy variada dinámica, conflictos intra, inter, extrarregionales, etc. Comportamiento muy oscilante con notables divisiones y debilidades.

Qashqais. Ubicados en los Zagros del sur, estimados en 400 000 aproximadamente. De manera predominante shiitas, hablan un dialecto del turco. Sus inicios como confederación tribal se ubican en los siglos XVII y XVIII, y fueron reconocidos por el gobierno central en el XIX. Se resistieron tradicionalmente al poder central, siendo repetidamente considerados como amenaza al mismo. En algunas etapas han gozado de autonomía; en otras, los poderes centrales han tenido relaciones con líderes de la confederación, y en otras más se ha dado un enfrentamiento marcado. Fueron muy cercanos a Alemania y se opusieron fuertemente a los británicos durante los años de la guerra mundial. Se les enfrentó a la Confederación Khamseh para debilitarlos. Fueron partidarios de Mossadegh y posteriormente muy golpeados por la monarquía y su política de sedentarización forzada. Algunos de sus tradicionales líderes regresaron luego de la revolución con el ánimo de revitalizar la confederación, pero no fructificó.

Bakhtiaris. Ubicados en los Zagros en el oeste del país, al norte del Khuzestán, se estima que son 600 000. De religión shiita predominante, se consideran descendientes del noble mongol Bakhtiar fundador del grupo en Persia. Hablan dialectos derivados del persa, del árabe y del turco. En el siglo XIX los líderes de la confederación tribal tuvieron relaciones estrechas con el poder central (siendo reconocidos en 1867). Fueron apoyados por los ingleses en las primeras décadas de este siglo, pero perdieron poder y autonomía paulatinamente. Hace tiempo que no pueden ser considerados como confederación tribal.

Baluchis. Ubicados en el sureste del país principalmente, son estimados en dos millones (más otros tres en Paquistán); con religión sunnita predominante aunque también existen algunos cultos locales. Hablan baluchi, lengua indoeuropea más cercana al pashtu que al persa. Descienden de los grupos árabes que conquistaron el área del Baluchistán en el siglo VII aunque tienen notables influencias turcomanas e indias en sus costumbres. Fueron reprimidos y sometidos a comienzos del siglo XX. Se estima que la mitad es nómada y seminómada. Habitan en la región del Baluchistán, una de las más atrasadas del país.

Khamseh. "Confederación tribal" ubicada en el sur creada artificialmente de 1861-1862, a partir de presiones británicas, para lograr un equilibrio en la zona contra los Qashqais (sus principales grupos integrantes fueron: basseris, baharlu, nafar y aynarlu).

Árabes. Descendientes de la época de la conquista árabe se concentran fundamentalmente en Khuzestán, Zagros sur y costa del Golfo. Existen también estimados variables (al rededor de 600 000), de religión sunnita mayoritaria y lengua árabe.

Qajars. Fueron tribus de origen turco que migraron desde Asia Central en el siglo XIV, pero no aparecieron en la escena política iraní hasta el XVI. Contribuyeron a la instalación de los safavidas. Posteriormente, una rama de los qajar logró instaurarse como dinastía central desde fines del siglo XVIII hasta 1925.

Lurs. Ubicados en la provincia de Luristán, se calculan en 500 000, predominantemente shiitas, con dialecto cercano al persa. Larga tradición de resistencia, fueron sometidos por el shah.

Turcomanos. Ubicados en las estepas al este del mar Caspio fundamentalmente, es una población heterogénea descendiente de turcos, árabes, turco-tártaros y mongoles. Se calculan en 350 000; son sunnitas y con lenguas cercanas al turco.

Azeirbaidjanos (Azeris). Una de las minorías nacionales de mayor dimensión (aproximadamente 5 000 000) y ubicada en el noroeste del país y en algunas grandes ciudades. Profesan el shiismo y hablan la lengua azeri cercana al turco. Se estima que la tercera parte de la población actual de Teherán es de origen azeri. Muestran altos grados de integración.

Shahsevanos. Como tales aparecen definidos diversos grupos ubicados principalmente en el noroeste y noreste del país (shaqaqi, mughanlu, afshar, takalu, ajirlu, inanlu, begdilu, qojabeglu, nouruzalibeglu y jahankhanumlu). Son de origen turco, predominantemente shiitas, y hablan dialectos derivados del turco. Estimados en 300 000.

Armenios. Predominantemente urbanos. Sufrieron migraciones forzadas hacia Isfahan en etapa del shah. También migraron hacia regiones petroleras. Hablan armenio (indoeuropeo) y profesan la religión cristiana. Calculados en 200 000.

Asirios. Concentrados en el Azeirbaidjan occidental, estimados en 200 000, hablan dialectos arameos relacionados con el siríaco antiguo. Su religión (cristianos nestorianos) ha sido un elemento de cohesión importante.

Brahui. Estimados en 100 000, son parte de un grupo que se extiende a Paquistán y Afganistán; hablan lenguas de origen dravidiano.

Mazanderanis. Ubicados en las orillas del mar Caspio; se calcula que hay 500 000 y hablan un dialecto cercano al persa.

Gilanis. También habitan zonas adyacentes al mar Caspio; se estima que hay 500 000, y hablan un dialecto cercano al persa.

Mamasani. Ubicados en los Zagros, al norte de las áreas donde dominó la Confederación Khamseh; son históricamente opuestos a los qashqais. Hablan mamasani.

Otros grupos:

Karagozlu (origen y dialecto turco, al oeste de Kerman); bayat, en el noreste; barbai, en el noreste; gurani, en el noreste; hazaras, en el noreste; talleshis, zona del mar Caspio, dialecto persa, 75 000; timuríes, frontera afgana, 30 000; tadjikos, noreste, 25 000, y jamshidas, noreste, 30 000.

Afganos, este (a partir de la crisis afgana hay casi 2 000 000 de refugiados, aunque miles de ellos han permanecido históricamente en territorio iraní).

Otros grupos aún menores.

Minorías religiosas

Judíos (0.1% de la población). Presentes en Irán desde la antigüedad. Han conservado su identidad particular, concentrados en actividades mercantiles en las principales ciudades (Teherán, Isfahan, Hamadan, Tabriz). Alto grado educacional; conservan el hebreo. Disminuyeron de 85 000 a 30 000 luego de la revolución por migraciones hacia Israel, Europa y Estados Unidos.

Cristianos (0.6%). Divididos en asirios, nestorianos, protestantes y católicos romanos.

Zoroastrianos (0.1%). Seguidores de la antigua religión persa y ubicados en las principales ciudades.

Bahai. Única minoría religiosa que no es reconocida oficialmente por la República islámica por ser considerada como herética. Sus seguidores se estiman en 300 000.

BIBLIOGRAFÍA

Abrahamian, Ervand, *Iran between Two Revolutions*, Princeton University, 1982.

Arasteh, Reza, *Man and Society in Iran*, Leiden, E. J. Brill, 1970.

Banuazizi, Ali y Myron Weiner, *The State, Religion and Ethnic Politics. Afghanistan, Iran and Pakistan*, Syracuse University Press, 1986.

Barth, Frederick, *Nomads of South Persia*, Universitetsforlaget, Oslo, 1965.

Bazin, Marcel, "Identité Ethnique et Identité Régionale en Iran et Asie Centrale", *Revue des Mondes Musulmanes et de la Méditerranée*, núms. 59-60, 1991.

Beck, Lois, "Revolutionary Iran and its Tribal People", *Merip Reports*, mayo de 1980, núm. 87.

——, "Tribes and the State in Nineteenth-and Twentieth-Century Iran", en Khoury y Kostiner (eds.), *Tribes and State Formation in the Middle East*, University of California Press, 1990.

Boroujerdí, Mehrzad, "Contesting Nationalist Constructions of Iranian Identity", 1998 (trabajo inédito).

Constitución de la República Islámica de Irán, Embajada de Irán en España, 1985.

Gellner, Ernest, "The Tribal Society and Its Enemies", en Tapper (ed.), *The Conflict of Tribe and State in Iran and Afghanistan*, Croom Helm, 1983.

Grimes, Barbara (ed.), *Ethnologue*, 13 edición, Summer Institute of Linguistics, Inc. 1996 (http://www.sil.org/ethnologue/countries/Iran.htm1).

Halliday, Fred, *Irán. Dictadura y desarrollo*, Fondo de Cultura Económica, 1981.

Higgins, Patricia, "Minority-State Relations in Contemporary Iran", en Banuazizi y Weiner, *The State, Religion and Ethnic Politics. Afghanistan, Iran and Pakistan*, Syracuse University Press, 1986.

Keddie, Nikki, "Religion, Ethnic Minorities, and the State in Iran", en Banuazizi y Weiner, *The State, Religion and Ethnic Politics. Afghanistan, Iran and Pakistan*, Syracuse University Press, 1986.

——, "Iran: Understanding the Enigma. A Historian's View" (texto sin publicar para maestros de la Universidad de California, Los Ángeles [UCLA], agosto de 1998).

Kia, Mehrdad, "Persian Nationalism and the Campaign for Language Purification", *Middle Eastern Studies*, abril de 1998 (tomado de *proquest*).

Meskoob, Shahrokh, "Iranian Nationality and the Persian Language", entrevista con el autor tomada de internet http://www. mage.com/nat.html.

Momeni, Jamshid (ed.), *The Population of Iran. A Selection of Readings*, East West Population Institute, Honolulu and Pahlevi Population Center, University of Shiraz, 1977.

Nyrop, Richard F., *Iran. A Country Study*, American University, Washington, D. C., 1978.

Rosman, Abraham y Paula Gribel, "Nomad-Sedentary Interethnic Rela-
tions in Iran and Afghanistan", *International Journal of Middle East Stu-
dies*, núm. 7, 1976, pp. 545-570.
Tapper, Richard (ed.), *The Conflict of Tribe and State in Iran and Afghanistan*,
Croom Helm, 1983.
Wilber, Donald, *Iran. Past and Present*, Princeton, N. J., 1958.
Zonis, Marvin, *The Political Elite of Iran*, Princeton University, 1971.

IDENTIDAD RELIGIOSA, LEALTADES Y GUERRAS: SER SHIÍ EN IRAQ

GILBERTO CONDE ZAMBADA

MISIL MATA A CIVILES EN BASORA

En enero de 1999, un misil estadunidense, dirigido a una estación de radar iraquí, cayó en un barrio popular de Basora, ciudad habitada en su gran mayoría por árabes musulmanes de confesión shií, causando la muerte de varios civiles.[1] Los mandos angloestadunidenses arguyeron que fue un error en su lucha contra Saddam Husein, quien representaba una amenaza para los países vecinos y para su propio pueblo. Como parte de su campaña, Estados Unidos y Gran Bretaña han decidido financiar diversos grupos de oposición iraquíes, entre los que destacan varios específicamente kurdos y shiíes. Ya desde el final de la guerra de 1990-1991, la potencia estadunidense decidió prohibirle a las fuerzas aéreas de Iraq, volar sobre dos grandes áreas de su territorio, supuestamente para proteger a la población kurda del norte de Iraq y la shií del sur. Opinan que estas dos poblaciones sufren la opresión del gobierno árabe sunní de Husein y pueden colaborar en desestabilizarlo.

Por tanto, cabe preguntarse ¿cuál es la realidad de las identidades culturales del país, si las diversas comunidades sufren de una opresión específica, si ésta tiene relación con otros factores sociales, si aspiran a tener representación específica en el Estado o algún tipo de autonomía, y si la gue-

---

[1] Agencias de prensa, 27 de febrero de 1999.

rra impuesta por Estados Unidos y Gran Bretaña puede ayudarles de alguna manera a lograr sus metas?

En el presente ensayo buscamos dar respuesta a estas preguntas en lo que se refiere a la comunidad shií de Iraq, revisando algunos aspectos de su historia, su relación o falta de ella con el poder y, finalmente, cómo le han afectado las múltiples guerras que se han sucedido, casi sin interrupción, desde hace 20 años.

DIVERSIDAD ÉTNICA Y RELIGIOSA

Los shiíes no constituyen una etnia y, por tanto, no se puede considerar que estén excluidos del poder desde el punto de vista étnico por la minoría árabe sunní. Los shiíes también son árabes, aunque forman parte de una comunidad religiosa, igualmente islámica, con particularidades históricas y religiosas.

El Iraq que hoy conocemos se constituyó después de la primera guerra mundial cuando los ocupantes británicos unieron tres provincias del recientemente desaparecido imperio otomano. Las poblaciones de la nueva entidad tenían algunas características comunes, pero estaban lejos de constituir un todo homogéneo. La mayoría hablaba árabe, aunque con variaciones dialectales por región que indican relaciones culturales específicas. Mosul tradicionalmente se relacionaba con Siria y Turquía, mientras las ciudades santas shiíes, en el sur, con Persia y los desiertos de lo que ahora es Arabia Saudí.[2] Aparte del árabe, en Iraq también se habla sirio-arameo, turco, armenio, caldeo, persa y kurdo.[3]

En términos religiosos, en el país hay musulmanes en sus variantes sunní y shií (o imamí), cristianos ortodoxos,

---

[2] Hanna Batatu, *The Old Social Classes and the Revolutionary Movements of Iraq: A Study of Iraqs Old Landed and Commercial Classes and of its Communists, Bathists, and Free Officers*, Princeton, Princeton University Press, 1978, p. 16.

[3] Gabriel Baer, *Population and Society in the Arab East*, Nueva York, Praeger, 1964, pp. 92-95.

nestorianos, gregorianos, jacobitas, caldeos, católicos romanos, católicos sirios y protestantes, judíos, yazidíes, chabakíes,
mandeos y bahai.[4] Se calcula que los árabes shiíes representan entre 55 y 60% de la población; los sunníes, entre 15 y
20%, y los kurdos, alrededor de 17%, de un total de poco
más de 20 000 000 de habitantes en 1996.[5] Se calcula que
aproximadamente 10% de los iraquíes no es musulmán.[6]

Para los gobiernos islámicos, las otras religiones mono-
teístas nunca han sido extrañas, por lo que el imperio otomano les extendió un reconocimiento oficial por medio de
lo que se ha dado a conocer como *millet*-s. La *shía*, por ser
parte del Islam, no gozaba de este reconocimiento oficial,
aunque en los sitios de más difícil acceso para el imperio y
donde las comunidades shiíes eran lo suficientemente fuertes, como en el sur de Mesopotamia, la Puerta les permitía
mantener su propia organización civil y religiosa.[7]

A principios de siglo, sin embargo, los elementos étnicos y
religiosos de identidad no eran los únicos que predomina-
ban. También pesaban los de clase y los del lugar de origen.
Dentro de las ciudades a menudo se desarrollaban solidarida-
des por barrio, habitados muchas veces por gente originaria de
una misma región, con un mismo culto o que realizaban el
mismo tipo de oficio. En algunas épocas críticas, los habitantes de los barrios llegaron incluso a jurarse apoyo mutuo por
escrito.[8] Los sentimientos de unidad e identidad colectiva
muy a menudo también obedecían a otras formas de organización social como la familia extensa.

---

[4] *Idem*, pp. 76-91.

[5] Dilip Hiro, *Dictionary of the Middle East*, Nueva York, St. Martins Press, 1997, p.
128; R. I. Lawless, Iraq en *The Middle East and North Africa*, Londres, 43 edición, Europa Publications Ltd., 1997, p. 500, y Chibli Mallat, "Iraq", en John L. Esposito
(ed.), *The Oxford Encyclopedia of the Modern Islamic World*, Nueva York, Oxford University Press, 1995, p. 237.

[6] Trevor Mostyn y Albert Hourani (eds.), *The Cambridge Encyclopedia of the Middle East and North Africa*, Cambridge, Cambridge University Press, 1988, p. 340.

[7] Baer, *op. cit.*, p. 72.

[8] Batatu, *op. cit.*, pp. 14-22.

En este siglo, en la década de los veinte, las divisiones confesionales solían corresponderse de manera muy marcada con diferencias de clase. La mayoría de los terratenientes del sur era árabe sunní, mientras que la mayoría de los campesinos era árabe shií. Algo análogo ocurría en las ciudades de esa región, donde los que tendían a concentrar el comercio en sus manos eran árabes sunníes. No obstante, la posición social y económica de los religiosos shiíes también era privilegiada. Esta situación se había heredado de la división del trabajo existente en el imperio otomano.[9]

La historia confesional y social de algunas zonas rurales, como el Muntáfiq, es reveladora. Esta región se pobló con beduinos de los desiertos del sur, originalmente sunníes. La mayoría de los jeques conservó su fe, mientras que el resto se fue convirtiendo a la *shía*. Estas conversiones, según algunos autores, se debieron a que esto les permitía resistir el peso de las familias dirigentes.[10]

Durante la segunda mitad del siglo XIX, el imperio otomano reformó el régimen de propiedad rural en Iraq. Antes, el Estado era el único propietario de la tierra y con frecuencia la cedía a particulares para que la explotaran y le pasaran parte del excedente a manera de impuestos. El mercado internacional se había ido transformando durante este siglo debido a la penetración del capitalismo europeo, lo cual trastocó los mecanismos tradicionales de sustento de las poblaciones de la zona y, por ende, su relación con la tierra.

La gente con autoridad en las comunidades empezó a reclamar derechos sobre grandes extensiones y el imperio terminó por legitimar la propiedad de grandes latifundios en manos de los jefes de grandes comunidades rurales (*sheij*-s *al-mashaiyj*).[11] Este proceso contribuyó a sedentarizar pobla-

---

[9] Batatu, *op. cit.*, pp. 44-45.
[10] Luizard, Jean-Pierre, "La conféderation des Muntafik: Une représentation en miniature de la question iraqienne", *Monde arabe, Maghreb Machrek*, núm. 147, enero-marzo de 1995, pp. 75-76.
[11] Haj, Samira, *The Making of Iraq, 1900-1963: Capital, Power and Ideology*, Nueva York, 1997, State University of New York, pp. 12 y 22-26.

ciones nómadas y seminómadas, y a aumentar la producción del campo, la recaudación de impuestos y la conscripción al ejército.[12] Así, apareció una clase terrateniente muy rica, mientras los miembros de las comunidades se convertían en aparceros más o menos atados a la tierra. Por lo general, éstos eran shiíes, y aquéllos, sunníes. Durante la primera década del nuevo siglo, empezaron a multiplicarse las rebeliones.[13]

La correlación existente entre confesión y clase social a principios del siglo xx fue cambiando durante el reino hashemí. Para 1958, ya había muchos shiíes ricos, aunque la gran mayoría de los más pobres también era de confesión shií. Aun así, la pobreza siempre ha incluido a árabes sunníes.[14]

MANDATO BRITÁNICO, RESISTENCIA, IRAQUIDAD

Por otro lado, desde al menos la segunda mitad del siglo xix, un sector de la jerarquía religiosa shií había ido incrementando su participación en la política.[15] Algunas opiniones (*fatwas*) de autoridades imamíes habían sido muy eficaces en movilizar a la población contra los crecientes intereses económicos y políticos británicos en Iraq e Irán, incluso contra la opinión de los gobernantes.[16]

Con la primera guerra mundial, las tropas británicas ocuparon Mesopotamia, y los dirigentes religiosos shiíes, los *mudytahidún*, llamaron a luchar contra el invasor y defender el Estado otomano por ser islámico, aun si era sunní. La respuesta al llamado fue masiva, e incluyó a familias y grupos sunníes.[17]

---

[12] Luizard, *op. cit.*, pp. 77-78.

[13] Luizard, *op. cit.*, pp. 78-80 y Hourani, *op. cit.*, p. 288.

[14] Batatu, *op. cit.*, pp. 46-50.

[15] Milton Viorst, *Sandcastles*, Nueva York, Alfred A. Knopf, 1994, p. 355.

[16] Kedourie, Elie, "The Iraqi Shiis and Their Fate en Martin Kramer" (ed.), *Shiism, Resistance and Revolution*, Boulder, Estados Unidos, Westview Press, 1987, pp. 137-143.

[17] Luizard, *op. cit.*, pp. 81-83.

Asimismo, durante guerra los británicos habían decidido desmembrar el imperio otomano y prometido formar un gran Estado árabe si vencían. Pero desde antes de la victoria, se repartieron con Francia el territorio en zonas de influencia. Las tres provincias otomanas que hoy conforman Iraq quedaron bajo mandato británico, nombrando rey a Faysal, de la casa de Hashem de La Meca.[18] Éste aceptó el pequeño reino árabe y el mandato, aunque siguió profesando la idea de un Estado árabe único. Los dirigentes religiosos shiíes se habían pronunciado en favor de la soberanía hashemí, por ser islámica, pero se opusieron al mandato británico.[19]

Hacia mediados de 1920 se difundió la noticia de que un gran *mudytahid* había emitido una *fatwa* llamando a luchar contra las fuerzas de ocupación. Se desencadenó una revolución que duró cinco meses.[20] Los shiíes no eran la única fuerza social opuesta a la presencia británica, de modo que la rebelión unió a gente del campo y de la ciudad, así fueran sunníes o shiíes.[21] Después de controlar la rebelión, los británicos decidieron apuntalar la posición de los jeques latifundistas, ya que éstos se opusieron al levantamiento, les otorgaron ventajas legales y les garantizaron posiciones en el futuro parlamento, argumentando que debían garantizar el respeto a lo que ellos llamaban "particularidades tribales".[22] De tal manera erigían un contrapeso importante al rey, a la vez que permitían reforzar una estructura de clase que supeditaba a los campesinos shiíes a las antiguas familias dirigentes, que resultaban ser de confesión sunní.

En 1922, Faysal convocó a una asamblea constituyente. Los *mudytahidun* seguían a la vanguardia de la oposición a

---

[18] E. Tauber, *The Formation of Modern Syria and Iraq*, Ilford, Gran Bretaña, Frank Cass, 1995, pp. 1-10.

[19] Kedourie, *op. cit.*, pp. 146 y 147.

[20] Kazemi, *op. cit.*, p. 113, y Batatu, *op. cit.*, p. 23.

[21] F. Kazemi, "Peasant Uprisings in Twetieth Century Iran, Iraq, and Turkey", en F. Kazemi y J. Waterbury (eds.), *Peasants and Politics in the Modern Middle East*, Miami, Florida International University, 1991, p. 111.

[22] Luizard, *op. cit.*, pp. 84-87.

los británicos y, mediante una nueva *fatwa*, declaraban ilegal toda elección bajo régimen de mandato. El primer ministro, un terrateniente sunní del Muntáfiq, inició una campaña contra los religiosos shiíes. Como eran de origen persa, los acusó de ser extranjeros y hostiles al Iraq árabe. El gobierno exilió a cinco religiosos, realizó múltiples arrestos y bombardeó las zonas donde gozaban de apoyo, lo cual representó un golpe a la identidad iraquí que se empezó a esbozar durante la revolución de 1920 y que no dependía de confesión religiosa u origen étnico. Al descabezar la dirección religiosa imamí se debilitaba la oposición a los británicos y, finalmente, a los propios terratenientes. Desde entonces el país está dirigido principalmente por árabes sunníes.[23]

Durante las décadas siguientes, la monarquía desarrolló la educación, intentó integrar a shiíes y kurdos en la administración y la clase dirigente, y, tras el final del mandato en 1932, formó un ejército con el propósito de convertirlo en la columna vertebral de la nación.[24] En el terreno de las ideas, mientras se promovía una identidad iraquí se intentaba cultivar la lealtad a la nación árabe más allá de las fronteras de Iraq.

Durante el siglo xx, las ciudades crecieron y, con ellas, los problemas sociales, lo cual condujo a nuevas rebeliones. Con todo, los movimientos de oposición que surgieron durante la monarquía contribuyeron a unificar a la sociedad. En las fuerzas armadas se desarrollaron dos corrientes políticas principales que correspondían a la lealtad panarabista y a la nacionalista iraquí, conocida como "iraquista". Los primeros tendían a predominar, su ideología ganaba adeptos en todos los países árabes y los oficiales del ejército solían provenir de la región ubicada al norte de Bagdad históricamente ligada a Siria, donde el ideal de unidad árabe había tenido fuerza desde principios de siglo.[25]

---

[23] Luizard, *op. cit.*, pp. 88-89.
[24] Batatu, *op. cit.*, pp. 25-27.
[25] Batatu, *op. cit.*, pp. 28-29.

Aunque formalmente el mandato había concluido, los británicos seguían dominando. Iniciada la segunda guerra mundial, en 1941, los nacionalistas iraquíes se pronunciaron y depusieron al regente del rey. A su rescate vino una segunda ocupación británica con la colaboración de la Legión Árabe de Transjordania. Los combates se prolongaron varias semanas, y la población de Bagdad y otras ciudades unificaron sus sentimientos contra la ocupación por encima de divisiones confesionales y étnicas.[26] A pesar de la derrota de los acuartelados, la tendencia iraquista mantuvo su presencia, aunque entremezclada con otras ideologías. Por esa época hubo una eclosión de la actividad política y se desarrollaron los partidos nacionalistas, liberales y comunista.

Existe una discusión acerca de si el panarabismo es aceptable o no para los árabes shiíes. Según Hanna Batatu y otros autores, el panarabismo en la época de los Estados modernos era inaceptable para los kurdos, ya que implicaba basar el Estado en una nación definida por la lengua árabe y, por tanto, en quienes nacen hablándola. Por otro lado, la consideran poco asimilable para los shiíes, ya que la mayoría de los árabes es sunní, y un Estado panárabe centralista implicaría reducir a los shiíes a una pequeña minoría (cuando en realidad son la mayoría dentro de las fronteras de Iraq).[27] Fouad Ajami afirma que el "nacionalismo árabe [...es] la dominación sunní en un ropaje laico".[28] Sin embargo, otros académicos y los propios datos de Batatu demuestran que muchos shiíes optaron por el panarabismo, al punto de constituir, hasta los años sesenta, una gran proporción de los militantes del entonces pequeño partido Baaz (del renacimiento árabe).[29] Nótese que en un país vecino, Siria, el Baaz está integrado

---

[26] *Idem.*, p. 30.

[27] Batatu, *op. cit.*, p. 36.

[28] Fouad Ajami, *The Dream Palace of the Arabs*, Nueva York, Pantheon Books, 1998, p. 133: El poder del milenarismo de Jomeini fue su capacidad para atraer a los excluidos de la política árabe y exponer la gran debilidad, el secreto prohibido del nacionalismo árabe: era la dominación sunní en un ropaje laico.

[29] Batatu, *op. cit.*, pp. 1078 y ss.; Kedourie, *op. cit.*, p. 153.

por druzos, ismailíes, alawíes y cristianos y con sunníes. A finales de los años cincuenta, incluso el Partido Comunista, con gran influencia en la comunidad shií, especialmente entre sus jóvenes, también se pronunciaba por la unidad árabe, aunque en la modalidad de federación.[30]

Históricamente, los shiíes no han participado en partidos iraquistas o exclusivamente shiíes ni los sunníes en partidos sunníes o arabistas. No se puede decir que una de estas ideologías corresponda exclusivamente a una comunidad o a la otra.

TORMENTA EN LA REVOLUCIÓN

En 1958 un grupo de oficiales, encabezados por Abd al-Karim Qasim tomó el poder, desatando una revolución republicana. Los panarabistas esperaban que el nuevo gobierno se integrara a la República Árabe Unida de Egipto y Siria; pero Qasim, aliado de los comunistas, prefería una federación y se opuso a la unificación. La república aplicó una serie de reformas sociales, incluyendo una agraria que, aunque moderada, golpeó a la clase de los latifundistas y mejoró las condiciones de muchos campesinos y, por tanto, de muchos shiíes.

En los años siguientes, aumentaron las fuerzas centrífugas y, en 1963, el partido Baaz y los seguidores del presidente egipcio Gamal Abd An-Nasir se pronunciaron y derrocaron al gobierno. Se trataba de una lucha política entre el gobierno y las fuerzas que se habían declarado anteriormente favorables a la unificación total con la República Árabe Unida, pero en ambos bandos había una proporción importante de shiíes. Entonces, en el Baaz, 53.8 % de los militantes era shií. Pocos meses después, cuando los naseristas excluyeron al Baaz del gobierno y éste pasó a la clandestinidad, se operó

---

[30] Batatu, *loc. cit.*

una mutación radical en su composición. La policía, comandada por individuos originarios de Ramadi, una ciudad sobre el Éufrates al este de Bagdad donde casi toda la población es sunní, había sido especialmente severa con los baazistas que no provenían de esa región, y por ende con aquellos de origen shií. En 1968, cuando el Baaz regresó *manu militari* al poder, los sunníes representaban 85% de su membresía.[31] Las lealtades regionales de los encargados de la represión habían contribuido decisivamente a trastocar la composición comunitaria del partido.

La dirección del Baaz quedó en manos de Ahmad Hasan al-Bakr y Saddam Husein, oriundos de Takrit, ubicado en la zona central, principalmente sunní, de Iraq. A partir de entonces la dirección se concentró en sus manos, y específicamente en las de Husein desde 1975; dirigentes que se han apoyado en quienes les son leales, especialmente en gente proveniente de Takrit, en un proceso que se ha dado a llamar "de takritización".[32] Cabe mencionar que el gobierno del Baaz nacionalizó la industria petrolera a principios de los años setenta, justo antes de que se operara un aumento vertiginoso en los precios del petróleo internacionales, a partir de 1973. Los ingresos por concepto del petróleo le ofrecieron al Estado grandes recursos y un grado muy amplio de autonomía respecto de la sociedad.[33] Tras la serie de golpes militares, se acabó con el multipartidismo y se inició la formación de un régimen autoritario, con lo que se cerraron las vías para la participación política. Hasta entonces, los shiíes habían expresado sus aspiraciones políticas por medio de las diversas organizaciones existentes. Ahora sólo les quedaba, en el mejor de los casos, la posibilidad de asumir un lugar marginal dentro del partido del Estado, aunque

---

[31] *Ibidem.*
[32] *Ibidem.*
[33] Farouk-Sluglett, Marion, Iraq: Rente pétrolière et concentration du pouvoir, *Monde arabe, Maghreb Machrek*, núm. 131, abril-junio de 1991, p. 4.

las puertas de la participación política también habían quedado cerradas para la mayoría de los árabes sunníes.

Por otro lado, las fuerzas de las organizaciones de oposición se habían visto menguadas por los golpes de la represión, y sectores religiosos shiíes volvieron a participar en política. Al sur de Bagdad las organizaciones de oposición que se desarrollaban tenían tintes religiosos, y se oponían al autoritarismo del Estado en nombre del Islam. Aún ahora no pugnan por un Estado shií ni pretenden dividir a Iraq ni excluir del poder a los de otros credos, sino que proponen un Estado islámico que aplique el marco jurídico tradicional del Islam, la *sharí'a*.

Desde finales de los años cincuenta, durante el gobierno de Qasim, ya se había formado una de las primeras organizaciones políticas religiosas shiíes, el Partido del Llamamiento Islámico (*Dawa*), con el propósito expreso de combatir la influencia comunista en la comunidad.[34] Desde muy pronto, el *Dawa* amplió sus actividades político-religiosas y buscó apoyo ideológico y organizativo entre líderes religiosos de Irán. Durante los años setenta aparecieron otras organizaciones similares que participaron en las protestas populares de 1974 y 1977, a las que el Estado respondió con represión, arrestos y ejecuciones.[35] A pesar de estas muestras de autoritarismo, el Estado buscaba ampliar su legitimidad, y la basaba en la extensión de servicios, gracias a los recursos producto de las exportaciones de petróleo, y con un discurso socialista. Durante estos años, no obstante la nacionalización del petróleo y el discurso socialista, el Estado se dedicó a favorecer al sector privado.[36] Empero, un acontecimiento político de suma importancia transformaría el contexto político de toda la región: la revolución islámica en Irán de 1979. El Ayatola Jomeini llamaba a todo el mundo islámico a la revo-

---

[34] Dekmejian, R. H., *Islam in Revolution, Fundamentalism in the Arab World*, segunda ed., Nueva York, Syracuse University Press, 1995, p. 120.
[35] *Idem.*, pp. 120-122.
[36] Farouk-Sluglett, Marion, *loc. cit.*

lución.[37] Aunque 95% de la población iraní es shií, y los religiosos cabeza del nuevo Estado también lo son, su llamado se extendía a todos los musulmanes. En Iraq empezaron a realizarse manifestaciones, con frecuencia alrededor de las peregrinaciones religiosas, exigiendo reformas sociales y la islamización del Estado. El régimen iraquí respondió con mano dura, arrestó al *mudytahid* Baqir as-Sadir y luego reprimió las manifestaciones por su libertad. Poco después, mandó ejecutar al *mudytahid*, así como a numerosos funcionarios gubernamentales (por lo general, sunníes).[38]

DOS DÉCADAS DE GUERRA

El llamado de Jomeini a la revolución islámica atemorizó a los estados petroleros árabes del Golfo.[39] Era de esperarse que la revolución iraní tuviera gran fuerza de atracción, dado que la población shií en toda la región es numerosa y los contrastes sociales son muy agudos.[40] En Iraq, Saddam Husein había llegado a la presidencia durante la segunda mitad de 1979, y decidió encabezar la oposición árabe a la revolución islámica iraní. En 1980 se inició una guerra que duraría ocho años. Husein esperaba obtener el apoyo de la población árabe de Irán, mientras que los iraníes suponían que contarían con la colaboración de la población shií de Iraq, pero ambos cálculos fallaron: ningún movimiento de masas se levantó contra su propio gobierno. Esto parece indicar que los ciudadanos iraquíes de confesión shií se identificaban con la nación iraquí, independientemente de la opinión que guardaran respecto de su gobierno.

---

[37] *Idem.*, p. 122.
[38] *Idem.*, p. 123.
[39] Nos referimos al Golfo Pérsico, que los árabes llaman Golfo Árabe.
[40] Hourani, Albert, "The Iran-Iraq War", en Mostyn y Hourani (eds.), *The Cambridge Encyclopedia...*, *op. cit.*, p. 492.

El sustento ideológico del régimen del Baaz en Iraq se fue transformando. Paulatinamente se dejó a un lado el discurso socialista, pues en la práctica ya había iniciado la crisis del llamado bloque socialista y se asumieron los discursos islámico[41] y nacionalista.

En 1990, el Estado iraquí se involucró en otro conflicto, que concluyó con el bombardeo generalizado de Iraq a manos de Estados Unidos y sus aliados. Al final, estallaron levantamientos populares contra el gobierno en el norte kurdo y en el sur shií del país.[42] La Guardia Republicana iraquí logró controlar el país en pocas semanas; el presidente estadunidense, George Bush, había ordenado a sus tropas frenar su ofensiva. Sus aliados en el Golfo temían que una revolución triunfante en Iraq condujera a la instauración de una república islámica radical como la iraní,[43] y Turquía, que se estableciera una república kurda en el norte iraquí y aumentara la inestabilidad dentro de sus propias fronteras.

Los levantamientos sólo ocurrieron en las zonas kurdas y shiíes. El centro, mayoritariamente árabe sunní, no se rebeló. Muchos proponen que el alzamiento de los shiíes se debe a que su comunidad está excluida de los mecanismos de poder, a pesar de la presencia de algunos shiíes en el gobierno, y a que sufren el autoritarismo gubernamental. Sin embargo, habría que preguntarse si la gran mayoría de los árabes sunníes del centro no está también excluida del poder en términos reales, si no sufre el autoritarismo y hasta qué punto se siente representada por el gobierno actual.

Diversas organizaciones islamistas, y en especial el Consejo Supremo para la Revolución Islámica en Iraq, afirman haber dirigido la rebelión en el sur del país.[44] ¿Indicará esto

---

[41] Farouk-Sluglett, Marion, *loc. cit.*
[42] El Kurdistán cae fuera de los límites del presente texto.
[43] Baram, *op. cit.,* p. 29.
[44] Baram, Amatzia, "From Radicalism to Radical Pragmatism: The Shiite Fundamentalist Opposition Movements of Iraq", en James Pescatori (ed.), *Islamic Fundamentalism and the Gulf Crisis*, Chicago, The American Academy of Arts and Sciences, 1991 (colección The Fundamentalism Project), p. 29.

que los partidos religiosos tienen gran influencia? Estudiosos occidentales de estos movimientos consideran que la mayoría de la población shií de Iraq no es "fundamentalista",[45] es decir, que su oposición política al régimen no se da sobre bases religiosas. Tal afirmación pareciera indicar que el apoyo a las organizaciones islámicas de oposición no es mayoritario. Probablemente los alzamientos se circunscribieron a las zonas pobladas por shiíes y kurdos, porque en el sur existen mayores contradicciones sociales que en el centro, porque los diez años de guerra azotaron más al sur o porque la población de esta zona sentía que, tras la guerra, era muy poco lo que faltaba para derrocar al régimen.

Desde el final de la guerra en 1991, las condiciones materiales de todos los iraquíes se han deteriorado severamente. Las sanciones económicas de la comunidad internacional contra Iraq han representado una tercera guerra del Golfo en la que se han destruido los sistemas productivo, eléctrico, de comunicaciones y de abastecimiento de agua y alimentos. La primera víctima de las sanciones económicas es la población civil, independientemente de su identidad étnica o confesión religiosa. A los daños causados hay que agregar los de los bombardeos iniciados en diciembre de 1998. Ya en 1995 buena parte de la oposición iraquí se oponía a las sanciones económicas internacionales.[46] No es de extrañar que el rechazo a las sanciones crezca sobre todo dentro de Iraq por encima del rechazo al régimen de Saddam Husein, aunque Estados Unidos afirme que el presidente iraquí es el causante de todos los males que afectan a este país.

---

[45] Baram, *op. cit.*, p. 29 y Pierre Martin, "Les chiites d'Iraq de retour sur la scène politique", *Monde arabe, Maghreb Machrek*, núm. 132, abril-junio de 1991, p. 26.

[46] Luizard, Jean-Pierre, "The Iraqi Question from the Inside", *Middle East Report*, Londres, marzo-abril de 1995, p. 21.

Conclusiones

La sociedad iraquí es muy rica en diversidad étnica y religiosa. Los árabes shiíes de Iraq no representan una "etnia", y mucho menos una "minoría étnica", distinta de los árabes sunníes, sino la comunidad religiosa mayoritaria.

El hecho de que la mayoría de los gobernantes de Iraq haya sido sunní no se debe a que el panarabismo sea esencialmente una ideología sunní con máscara laica, sino a factores sociales e históricos. Los shiíes, aparte de aquellos que se ocupaban de la religión, solían dedicarse a las actividades del campo y, relativamente, pocos ocupaban puestos de mando en sus comunidades.

Cuando se dio la transformación urbana y moderna de la sociedad iraquí, muchos shiíes se sumaron a los partidos de oposición y participaron en la revolución republicana de Iraq. Después, la membresía del partido Baaz, que terminaría por adueñarse del poder en 1968, se transformó como resultado de la represión, en una organización con pocos miembros shiíes, en términos proporcionales.

Otra serie de causas que contribuye a explicar esta situación tiene relación con el estrechamiento de la base social del Estado. Con los dividendos del petróleo, el gobierno no requería de tanta legitimidad social. La llamada *takritización* de las capas más altas del Estado y, más aún, la participación absolutamente leal de miembros de la familia de Saddam Husein, en los puestos más sensibles, han ayudado a cubrir algunas necesidades de personal y funcionarios, si bien siguen presentes miembros de otras comunidades, especialmente la shií, en la administración.

La lealtad de estos elementos, de otros sectores árabe-sunníes y del sector privado sirve de soporte social. En cuanto al resto de la sociedad, antes se le trataba de atraer mediante el bienestar financiado con los dividendos del petróleo y con base en el discurso socialista, y después mediante los discursos islámico y nacionalista. Desde el inicio de las guerras y las sanciones económicas que afectan directamente a la población, la religión y el nacionalismo han cobrado mayor importancia como sustento ideológico.

La afirmación de la identidad shií ha sufrido variaciones a lo largo de todo el siglo xx. Por un lado, la correlación entre comunidad y clase, que persiste aún, provoca que, si se nace shií, serán muchas las probabilidades de crecer en una familia humilde, a pesar de que, desde los años treinta y sobre todo desde fines de los cuarenta, entre los ricos de Iraq también hay numerosas familias de origen shií. Desde un punto de vista estadístico, la relación parece normal, dado que los shiíes son mayoría en la sociedad así como los pobres.

Desde la época otomana hubo confrontaciones, de carácter social entre los terratenientes sunníes y shiíes, por un lado, y los campesinos mayoritariamente shiíes, a menudo de sedentarización reciente. Los británicos intentaron convertir la diversidad cultural en divisiones que les permitieran controlar mejor al país. Los dirigentes religiosos shiíes fueron de los primeros sectores sociales que se opusieron a la dominación británica. La dominación colonial promovía el mantenimiento y desarrollo de relaciones de propiedad muy desiguales como el latifundio y el trabajo agrícola de aparceros atados a la tierra. No es de extrañar que muchos shiíes vieran a los británicos como opresores, y a los *mudytahidun* que los combatían como liberadores. Posteriormente, muchos shiíes, con árabes y kurdos sunníes, así como cristianos y judíos, participaron en movimientos políticos que se proponían cambiar las relaciones de propiedad, como los comunistas. Tras la represión de éstos y otros movimientos con gran participación shií, tomaron fuerza entre la comunidad las organizaciones que proponían reformas con una base religiosa.

Durante la primera guerra del Golfo, los shiíes de Iraq combatieron a sus correligionarios iraníes. Durante la segunda, muchos shiíes murieron bajo el fuego de las bombas; sin embargo, ante el autoritarismo, la incapacidad del régimen para defenderlos y la debilidad aparente de las fuerzas armadas iraquíes, la población de las ciudades shiíes se alzó en armas. Aunque los atacantes afirmaban también luchar por ellos, no hicieron nada cuando la guardia republicana aplastó las sublevaciones.

Más tarde vino otro periodo que también parecería de guerra por su número de víctimas, el de la posguerra y de la continuación de las sanciones económicas de Naciones Unidas. Ahora, en medio del bloqueo y de las bombas estadunidenses, parece remota la posibilidad de otro levantamiento popular. Aunque la comunidad shií es la mayoritaria, el propósito de los partidos principal o totalmente shiíes no es el de establecer un gobierno "shií"; esto iría contra los sentimientos de la mayoría de la población iraquí, de cualquier confesión. Los sentimientos nacionales que predominan son todavía el árabe y el iraquí.

ETNICIDAD, NACIONALISMO
Y EL ESTADO EN AFGANISTÁN

Hugh Beattie
Universidad de Cambridge

Agradezco a Anthony Hyman (quien tristemente murió en enero de este año) y a Malcolm Yapp por sus comentarios sobre este trabajo, y a Catherine Lawrence por su trabajo con los mapas.

La "nación" afgana como tal "aún permanece sin crearse", de acuerdo con un experto (Hyman, 1992:7). A pesar de la exitosa resistencia afgana a la ocupación soviética en la década de 1980, las "guerras civiles" que siguieron a la salida de las tropas soviéticas han demostrado de manera sorprendente la debilidad de la identidad nacional afgana. En este documento describo brevemente la situación en la región antes de que fuera fundado el Estado afgano moderno, hasta la creación de este Estado en el siglo XIX y el papel que la etnicidad ha jugado en esto. Continúo con un examen del desarrollo de las identidades nacional y étnica en el siglo XX, explico algunas de las maneras en las que parece haber cambiado su significado durante el periodo, y comento los recientes acontecimientos.

TRASFONDO HISTÓRICO Y SOCIAL

Para entender al Estado moderno de Afganistán es importante estar conscientes de que no empezó a existir, sino hasta fines del siglo XIX, si bien sus raíces yacen en el imperio creado a mediados del siglo XVIII por Ahmad Shah, líder militar de los Abdalis, un grupo de habla pashtu que vivía entre Herat, Kandahar y Kalat-I Ghilzai. Antes de eso, las áreas que se convirtieron en Afganistán se han visto sujetas a diferentes gobiernos imperiales, en particular los mogoles indios y el iraní safávida, o a largos periodos de autonomía. Sin embargo, a principios del siglo XVIII la potencia mogola triunfó y el gobierno safávida fue derrocado. Los trastornos que siguieron le abrieron las puertas a Ahmad Shah, quien a mitad de ese siglo creó un nuevo imperio con su capital en Kandahar (asumió el título de Durr-I Durran, Perla de Perlas, y a su tribu se le conoció durante este periodo como Durranis). Una confederación de tribus y khanates indefinida, más que una monarquía centralizada, comprendió mucho del Afganistán moderno y el oeste de Punjab.

Ahmad Shah murió en 1772 y fue sucedido por su hijo Timur Shah, cuyos hijos lucharon por la sucesión después de su muerte en 1793, con lo que el imperio comenzó a derrumbarse.[1]

Como resultado, a principios del siglo XIX la población del futuro Estado afgano estaba políticamente dividida. También había muchos otros tipos de diversidad. Para empezar, si bien mucha gente era granjera sedentaria, también había muchos pastores nómadas.[2] La mayoría era musulmana, mayormente sunita, aunque había minorías shiitas im-

---

[1] A principios del siglo XVIII Herat y Kandahar formaron parte del imperio safávido iraní, y Kabul, la actual capital afgana, fue nominalmente el centro administrativo de una provincia del imperio Mogol de India. Al norte de las montañas Nindu Kush había cierto número de estados semiindependientes regidos por los jefes uzbekos, incluyendo a Kunjuz, Balkh y Maimana; en tanto que en el noreste había algunos estados pequeños tajikos, entre ellos Shignan, Darwaz y Roshan. Estos estados, Tajik y Uzbek igualmete debían fidelidad a Bukhara. La región de Kafiristán al este de Kabul, y el Hazarajat al oeste eran virtualmente independientes (véase Caroe, 1958:249 y 252-259, Gregorian, 1969:46-48, Noelle, 1995:21 y 124 y R. Tapper, 1983:16-17).

[2] Había pocos pueblos importantes, pero en esta época, debido a la pérdida de un gobierno estable, el comercio y la economía urbana empezaron a declinar (Gregorian, 1969:58-59).

portantes, ambas imami e ismaili. Los imamis (me refiero en particular a ellos como shiitas desde ahora) incluían a los hazaras que vivían en el centro del país, algunos grupos de habla persa en el área de Herat y el Quizilbash urbano. Los ismailis vivían en el Hindu Kush del norte de Kabul y en el Badakhashan en el noreste.[3] Algunos de los pobladores de los antiguos valles del este de Kabul fueron paganos que los musulmanes llamaban Kafiristán.

La diversidad lingüística era muy marcada. Tradicionalmente la lengua del gobierno era el persa, y en gran parte del país, incluyendo Kabul, era la lengua materna. La otra lengua importante era el pashtu, que se hablaba principalmente en el sur de Kabul, de Ghazní Kandahar y al este de Farah, y en las montañas entre Afganistán y Punjab.[4] Las lenguas turcas tales como el uzbeko y el tucomano se hablaban principalmente en el norte. Otra lengua iraní, el baluchi, se utilizaba en algunas regiones del sur, como también el brahui, una lengua dravidiana. En el noreste existían diversas lenguas pertenecientes a la familia iraní del este, y los lenguajes dárdicos en las áreas montañosas del este de Kabul (Ovesen, 1986:249). La mayor parte, si no es que la totalidad de estas lenguas también se utilizaban fuera de los territorios que formaron el moderno Estado afgano; en realidad, casi en todos los casos, la mayoría de los nativos que hablaban estos lenguajes vivía fuera de ellos.[5] Así como la gente hablaba diferentes lenguajes, también lo eran sus costumbres.[6] Al parecer la diferenciación cultural ha sido más evidente en Kafiristán y

[3] El antagonismo de sectas fue muy marcado, y hubo graves encontronazos entre shiitas y sunitas imami en la antigua Kabul a principios del siglo XIX (Noelle, 1995:49).

[4] El pashtu algunas veces se transcribe como pakhtu para reflejar el hecho de que algunos dialectos tienen sonidos más fuertes (Caroe, 1958:22).

[5] De tal forma el persa se hablaba en Irán y en Asia Central. El pashtu en Peshawar, los valles montañosos del norte, en Kohat y a lo largo del Daman-I Koh en el sur. Uzbeki y turkmeno se hablaban en Asia Central, y el baluch y el brahui en Baluchistán. Los lenguajes dárdicos se hablaban en los valles orientales Hindu Kush y Karakoram.

[6] Había algunas diferencias en los arreglos del matrimonio y las ceremonias, así como en la manera de preparar la comida, los estilos de construcción, la música

entre los pashtunos que viven en la frontera entre Afganistán y el Punjab (véase Jones, 1974 y Poullada, 1973:22). A menudo también, se encuentran mitos sobre el origen de las personas e historias por medio de las cuales se diferencian ellos mismos de otros grupos (véase Singer, 1982).

Estas diferencias producen cierto sentimiento de etnicidad, pero existe el peligro de asumir que esto necesariamente implica la existencia de "grupos étnicos" colectivos, o de cierta identidad étnica innata e inalterable.[7] Si bien parece que a principios del siglo XIX se utilizaron en Afganistán gran cantidad de términos o epítetos "étnicos", entre los cuales los más importantes eran el pashtun o afhan (prácticamente sinónimos) (Caroe, 1958:xvi), tajik, uzbek y hazara, no todos se refieren a grupos étnicos conscientes de ellos mismos, y algunas personas tenían un sentido de la diferenciación cultural mucho más fuerte que otros.[8] Aparentemente esto es particularmente cierto en el caso de los pashtunos, quienes entre otras cosas hablaban dialectos de pashtu, y poseían "una ideología del linaje explícitamente segmentario y penetrante, perpetuado no sólo en las genealogías escritas, sino también en el marco territorial de la distribución tribal" (R. Tapper, 1983:43, también Barth, 1969). Se supone que todos los pashtunos eran descendientes de un ancestro común, de manera que, en su caso en particular, la etnicidad y parentesco (real o supuesto) coinciden y se denominan con el mismo término qawm (Anderson, 1983:125; también

---

e instrumentos musicales, la vestimenta y la decoración (véase Dupree, 1978:240, Jones, 1974, Sawez, 1986:228 y Slobin, 1976).

[7] Siguiendo a Devalle, podemos acordar que la etnicidad es un "fenómeno histórico, subordinado a clases existentes y contradicciones centro-periferia"; que no es el producto de "sentimientos primordiales vagamente definidos" y que, por tanto, hay "pluralidad de discursos de la etnicidad" (1992:16, véase también R. Tapper, 1997:316). Indudablemente el significado de etnicidad habrá que definirlo en cada caso particular.

[8] El estudio más exhaustivo de etnicidad en Afganistán enumera 55 grupos étnicos (Orywal, 1986).

e.g., Glatzer, 1998:173).[9] Pero también se dividían de diferentes maneras. Había dos grandes confederaciones tribales, los durranis cuya tierra natal estaba alrededor de Kandahar, y los ghilzais, quienes vivían principalmente en el sur de Kabul, alrededor de Ghazni y hacia Kalat-I Ghilzai. Otras tribus pashtun vivían en montañas o cerca de ellas entre Afganistán y Punjab, incluyendo a los mohmands, afridis, shinwaris, jajis, jadrans, khugianis, safis, mangals y wazirs. Además, variaban considerablemente sus organizaciones socioeconómica y política. Algunos vivían en áreas montañosas remotas y poco productivas y eran más igualitarios, otros que vivían en áeras más productivas; algunas veces tenían una clase de jefes.[10] No es sorprendente que esta última, la que vivía en el oriente de Afganistán y en las montañas en particular, fuese la que creía más firmemente que, para ser un verdadero pashtun, había que ser "pakhot" en el sentido de seguir un código tribal de conducta, nangy pakhtana o pashtunwali. Esto ha sido descrito como una "ética holística [...] no meramente un cuerpo de reglas", activado "a través del *ghayrat*, una noción de valentía altruista y autodeterminación" (Anderson, 1984:275-276). Expresiones distintivas de que había (y hay) hospitalidad, y énfasis en la igualdad masculina (en consecuencia tomas de decisión por consenso en consejo tribal o jirga); lo cual tendía a acompañarse de la rivalidad entre agnates con una relación cercana, conocida como *taburwali*.[11]

Si bien el término tajiko a menudo se usa como una etiqueta étnica, es de un orden diferente del término pashtuno. Tiene una historia muy compleja. Inicialmente se usaba

[9] La mayoría de la gente en Afganistán usó la palabra *qwam* para referirse no sólo a la familia extensa o parientes, sino a todo el rango de agrupamiento más extenso (véase Beattie, 1982:47, Shahrani, 1998:218 y R. Tapper, 1989:242).

[10] Para más detalles véase R. Tapper (1983:43-44, también Ahmed, 1980:116-125 y Anderson, 1983).

[11] Era (y es) también fuertemente patriarcal. El honor de un hombre dependía de la conducta modesta de la mujer quien era considerada responsable, y si la mujer no actuaba en la debida forma, podía ser condenada a muerte (véase Singer, 1984:30).

para referirse a los invasores árabes musulmanes de Asia Central en los siglos VII y VIII; para los siglos XIII y XIV se refería a los musulmanes que hablaban persa, gente sedentaria opuesta a los nómadas, y su significado no ha cambiado mucho desde entonces. Se aplicó, en general, a los hablantes del persa, tanto urbanos como rurales, en Asia Central, Afganistán y los chinos de Sinkiang, así como a los habitantes de la República de Tajikistán en particular (Barthold, 1982 y Shurman, 1962:74). En Afganistán se usaba para referirse a quienes hablaban persa (o lenguas con relación cercana) que, en su mayoría, vivían en el norte y en el noreste del país, quienes eran sedentarios y no tenían relaciones tribales.[12] Tal parece que a menudo se identificacaban a sí mismos por su lugar de origen (y aún tienden a hacerlo hoy en día), y no sentían que tuvieran mucho en común con otros que se identificaban de la misma manera. Otros hablantes del persa que vivían en Afganistán occidental sencillamente eran conocidos como farsiwanos (*i.e.,* "hablantes de persa") (Centlivers, 1976a:5, Orywal, 1986:40, Shurmann, 1962:73-77 y Slobin, 1976:7).

En la parte norte de Afganistán había una población importante de uzbekos, organizada mayoritariamente de manera tribal. Incluso en el siglo XIX la mayoría de las personas, siendo los tajikos la principal excepción, estaba organizada tribalmente ya que pertenecían a grupos más grandes, cada uno de los cuales comprendía cierto número de linajes vinculados por una descendencia patrilineal compartida desde un ancestro masculino común (R. Tapper, 1983:17-18). Algunos, por ejemplo, los turcomanos y los baluchis, poseían una genealogía como la de los pashtunos, totalmente incluyente. Otros, como los hazaras estaban divididos en tribus, pero no podían trazar su origen a un ancestro común. Los hazaras vivían en las montañas centrales, hablaban un dialecto del

---

[12] También había algunos tajikos que vivían en el sur de Kabul (Shanhrani, 1998:221).

persa (*hazaragi*) y popularmente creían que descendían de los soldados de Gengis Kan.[13] Los quzilbash eran un grupo urbano descendiente del personal militar y administrativo que dejó atrás el aventurero Nadir Shah durante su paso por Irán hacia la India en 1739 (Noelle, 1995:44 y Orywal, 1986:59-60). Como ya se dijo, los hazaras y los quizilbash en su mayoría eran shiitas. En el noroeste se encontraron varios grupos con organización tribal, incluyendo a los taimani, los firuzkuhi, los jamshidi y los timuri, conocidos colectivamente como aymaqs (Orywal, 1986:29-34). Cierto número de grupos turcomanos también vivían en el norte de Afganistán (R. Tapper, 1983:17). Al sur en los límites de Sin, Kalat y el sureste de Irán estaban los baluchis y los brahuis. Finalmente, como se mencionó, al este de Kabul vivían los kafiras quienes hablaban lenguas dárdicas (Jones, 1974, Orywal, 1986:51-56 y Ovesen, 1986:239-253).

LOS ORÍGENES DEL ESTADO MODERNO AFGANO

Había aquí una población muy diversa sobre la cual los sucesores de Ahmad Shah Durrani intentaron imponer su autoridad. Como se dijo antes, después de la muerte de Timur Shah en 1793 hubo una prolongada contienda para sucederle, en la cual miembros de otro clan con relación muy cercana, los muhammadzai, se vieron involucrados, y finalmente en 1826 fue un muhammadzai, Dost Muhammad Khan, quien se estableció como soberano de Kabul. Si bien fue depuesto en la primera guerra anglo-afgana (1839-1842), los ingleses le permitieron volver a su trono en 1843. Entre tan-

---

[13] Otros afganos a menudo declaran ser capaces de reconocer a los hazaras por sus características físicas, pero esto parece improbable (véase Centlivres, 1976a: 12 y Glatzer, 1998:171). Hay que reconocer que hasta el siglo XIX, desde que la relación con los ingleses y la invasión del gobierno afgano llevó al establecimiento de colonias en Mashad y Quetta, los hazaras estuvieron relativamene confinados al hazarajat (véase Moussavi, 1997).

to, los sikhs habían ido absorbiendo los territorios durrani del este. Multan había sido tomado en 1818 y Kashmir en 1819. En 1823 los sikhs conquistaron Peshawar, la capital de invierno del Timur Shah, y Dejarat con el resultado que una parte significativa de la población pashtun quedó bajo el dominio sikh (después de 1849 quedó bajo el dominio inglés). Dost Muhammad Khan trató de sacar ventaja del intento sikh de liberarse del control inglés en 1848 para retomar el control de Peshawar en los distritos trans-Indo de Punjab. Habiendo fracasado, volcó sus energías en otro lugar, y con un poco de ayuda inglesa pudo establecer su control sobre gran parte de lo que ahora se conoce como Afganistán, rematando con la toma de Herat poco antes de su muerte en 1863 (Gregorian, 1969:74-82).[14]

Si bien mantuvo una existencia precaria durante los siguientes quince años, el reinado de Dost Muhammad Khan se derrumbó durante la segunda guerra anglo-afgana (1878-1880). Sin embargo, los ingleses permitieron que su nieto, Abdul Rahman, tomara el control de Kabul, quien lo unió de nuevo. En realidad con un poco de ayuda británica lo hizo mucho mejor al establecer un Estado considerablemente más fuerte y más centralizado. Los británicos controlaron las relaciones exteriores del país y demarcaron sus fronteras (al norte en cooperación con Rusia). Entre tanto, mediante un proceso de lo que se ha descrito como "imperialismo interno", Abdul Rahman formó él mismo el ejército y extendió la autoridad de su gobierno a las regiones previamente autónomas como el Hazarajat y Kafiristán (los habitantes de esta última fueron convertidos al Islam por la fuerza) (Dupree, 1978:417 y Gregorian, 1969:136). Abdul topó con mucha resistencia, incluso sus guerras de conquista fueron "legenda-

---

[14] Así derrotó al gobernante uzbeko Murad Beg quien había logrado el control del este de Turkestán y Badahhshan (véase Slogin, 1976:19). Sin embargo, el último de los emiratos en el norte, Maimana, cayó sólo hasta 1876 durante el reinado de su hijo Sher Ali Khan (Lee, 1987:116).

rias por su brutalidad y opresión" (Shahrani, 1988:225).[15] No obstante, el resultado fue la fundación del moderno Estado afgano.[16]

Podría parecer que el amir (1880-1901) trató de sembrar una especie de sentimiento patriótico entre sus súbditos. Refiriéndose a ellos como una nación, promovió la nueva idea de que Afganistán era una "sola comunidad indivisible unificada por obediencia común a una autoridad soberana" (Edwardes, 1996:86 y Gulzad, 1994:163). Así, abolió el impuesto para quienes no eran pashtunos, el *saramedh*, el cual había asignado su tío Sher Ali Khan (que gobernó en 1863-1866 y en 1868-1879) (Shaharani, 1986:38). Estableció un Festival Nacional de la Unidad (*Jashn-I muta fiqqiyyai-milli*) en 1896 y ordenó que se realizara anualmente (Kakar, 1968:92). Un importante aspecto de sus esfuerzos para legitimar su gobierno y generar un sentimiento de identidad entre sus súbditos fue el llamado a sus lealtades islámicas. Su autoridad venía de Dios, decía, y la gente debería obedecerlo debido a la necesidad de defender ambas naciones (*millat*) y la fe (*din*) (Olesen, 1987:92-96 y Gregorian, 1969:130-135).[17] Tampoco era su administración exclusivamente durrani ni el típico pashtun en forma (si bien es significativo que el pashtu se volvió la lengua del ejército) (Olesen, 1987:106). No quizo dar mucho poder a los miembros de su propio clan de modo que nunca pudieran realmente dejarlo. En 1888 encomendó a su pariente Mohammed Ishak Khan llevar a las tribus turcomanas a una revuelta contra él (Poullada, 1973:7). Así, si bien usó a sus parientes para conservar su administración, también se recompensó con altos cargos en la pequeña burocracia a personas que no eran una amenaza para él, miem-

---

[15] De acuerdo con una fuente (Martin, 1907) mató a casi 100 000 personas.

[16] Le dio a Afganistán "algunas de las formas y símbolos de un Estado" (R. Tapper, 1983:35). Lee (1996:xxiv), sin embargo, sugiere que se ha exagerado mucho sobre el grado de creación de nuevas instituciones administrativas por Abdul.

[17] Sin embargo, se debe decir que fue particularmente el islam nanafi sunni lo que promovió, y declaró *jihad* no sólo contra los kafirs paganos, sino también contra los hazaras shiitas (Olesen, 1987, *passim*.)

bros de los grupos étnicos más pequeños o minorías religiosas (qizilbash e hindúes, así como los tajiks) (Kakar, 1979: 28-29).[18]

Empero, conservar su poder sobre una población tan diversa fue un gran problema. En vista de que su autoridad estaba muy debilitada al principio de su reinado, un elemento central de su estrategia fue servirse de pashtunos para someter las áreas que no eran pashtun, y durranis para tener en jaque a los ghilzais y a otras tribus pashtun. De aquí que los durranis tuvieran enormes privilegios políticos y económicos como concesiones en los impuestos y libertad para enrolarse en el ejército, y que dominaran a la sociedad afgana tanto económica como políticamente; estos privilegios los compartieron con algunos grupos pashtun (Janata, 1990:66 y R. Tapper, 1991:38).[19] De conformidad con esto, una característica de sus reinos era el establecimiento, por primera vez, de la importante presencia pashtun en la parte norte de Afganistán, que resultó en una ocupación pashtun virtual. No fue esto lo único que ayudó a afianzar la dominación pashtun aquí, dividió a las tribus mismas e hizo que les fuera más difícil oponerse a él. Tanto que se forzó o alentó a 10 000 familias a desplazarse hacia el sur y al este a las tierras menos pobladas del norte de las montañas del Hindu Kush. Entre los migrantes había tanto granjeros ghilzai del este, a menudo opositores políticos de Abdul Rahman, y durranis, miembros de su porpia confederación tribal, como nómadas pastores de Kandahar y el suroeste. También se alentó a los

---

[18] Cuando tomó Kabul, diez secretarios supervisados por un oficial, manejaron toda la administración central del gobierno (Dupree, 1978:420). Algunas veces se reclutó a gente que no era durrani ni pashtun por medio del sistema *ghulan-bacha*, a través del cual los niños de Chitral, Nuristán, Badakhshan y el Hazarakat fueron llevados ante la corte y quienes, conforme crecían, recibían posiciones oficiales altas (véase Gulzad, 1994:156).

[19] Nancy Tapper sugiere que, desde la época de Ahmad Shan Durrani (1747-1772), "los durranis habían constituido un grupo interesante que tenía privilegios políticos y económicos [...] que aumentaban por la virtud de su descendencia" (1991:38). A las regiones que no eran pashtun se les hacía pagar más impuestos que a las que sí lo eran (Gregorian, 1969:6).

pashtunos a explotar las pasturas del verano del Hazarajat, si bien en un principio se establecieron poblados permanentes ahí (Kakar, 1979:131-135 y R. Tapper, 1983:233-258). La política de inducir a los pashtunos a establecerse en el norte continuó en el siglo xx, y cuando gran cantidad de ellos se hubieron establecido se volvieron el grupo política y económicamente dominante (véase Barfield, 1978:29-31, Beattie, 1982:38 y R. Tapper, 1984:235-236). Como se mencionó, la identidad de los pashtunos tenía una cualidad segmentaria también, de tal modo que si bien los ghilzai y los durranis tendían a presentar un frente común contra quienes no eran pashtunos, entre ellos eran rivales. En 1886 una rebelión de los Ghilzais llevó a una "guerra intertribal" entre ellos y los durranis (Poullada, 1973:7).

Las dificultades de crear una "nación-Estado" en Afganistán estribaron en el hecho de que las fronteras demarcadas en los últimos años del siglo xix por las participaciones rusa y británica no tomaron en cuenta los vínculos políticos, sociales y económicos existentes. Desde la conquista sikh de Punjab en 1823, los pashtunos habían vivido en dos estados diferentes, mientras que la zona fronteriza montañosa entre Punjab y Afganistán permanecía más o menos independiente. Sin embargo, en la década de 1890, conforme el acuerdo de Durand (1893), se demarcó una frontera entre el territorio afgano y las esferas británicas de influencia que abarcaban estas áreas tribales independientes (La Línea de Durand). Como consecuencia de esto, se llevó a más pashtunos a la esfera de influencia británica.[20] Los británicos tendían a considerar la Línea de Durand como una frontera permanente, pero a esto Abdul Rahman y sus sucesores se mostraron reticentes.

También existían en el norte las relaciones nacional o étnica transfronterizas, potencialmente desestabilizadoras, de-

---

[20] Fletcher lo describió como una "monstruosidad etnológica" (1965:248).

bido a que un número importante de personas que podían identificarse a sí mismas (o eran identificadas) como uzbekos, tajikos o turcomanos vivían allí. Como hemos visto, había relaciones políticas entre Asia Central y el Turquestán afgano, y algunos de los pequeños estados de Badakhshan, como Shignan y Roshan; este último fue conquistado por Abdul Rahman a principios de 1880 aunque no tomaban partido por el río Amu Daria (véase Lee, 1987:114 y 1996, *passim*), era conveniente para los británicos adoptar este río como frontera norte de Afganistán y demarcar una nueva frontera noroeste entre el Amu Darya y el Hari Rud y Abdul Rahman, con la cooperación rusa. El amir de Bikhara no tenía más opción que aceptar estas disposiciones (Alder, 1963:168-190, Gregorian, 1969:74 y Dupree, 1978:422). De esta manera, como en la frontera noroeste de India, se creó un límite que no tomaba en cuenta las relaciones tradicionales económicas, políticas y sociales. Esto también era cierto para la frontera occidental. Herat había sido gobernado por los safávidos desde principios del siglo xvi, y la lealtad shiita de muchos habitantes del occidente así como de Afganistán central significaba que podían identificarse con el gobierno de Irán tan fácilmente como con el de Kabul.

NACIONALISMO Y ETNICIDAD A PRINCIPIOS DEL SIGLO XX

El intento por legitimar el Estado afgano es aún asunto de los sucesores de Abdul Rahman. Durante el reino de su hijo Habibullah I (1901-1919), surgió un grupo de "jóvenes afganos" educados que querían desarrollar una conciencia nacional y modernizar a Afganistán; el más influyente de ellos fue Mahmud Tarzi.[21] Abundando en los argumentos de Ab-

---

[21] A la familia Tarzi, que fue exiliada por Abdul Rahman, se le permitió regresar a Afganistán después de la muerte de éste. Durante el exilio que vivieron en Siria, Mahmud Tarzi fue influido por Los Jóvenes Turcos (Poullada, 1973:36, 40).

dul Rahman, Mahmud mantuvo el Islam prescribiendo "amor al país dentro de la comunidad islámica más extensa", y a eso sucedió en consecuencia una deuda religiosa para apoyar al Estado afgano y a su gobierno y trabajar para su modernización (Gregorian, 1969:159, 174 y 360 y Poullada, 1973:41-42).

Empero, las contradicciones continuaron sin aclararse.[22] La palabra real "afgán" puede ser un sinónimo de "pashtun", en tanto el uso del término Afganistán sugiere la dominación de un grupo; así, como de manera sucinta escribió un informante uzbeko, "el mismo nombre del país es un insulto para nosotros" (Shalinsky, 1994:98). Aún resta una corriente oculta de oposición a la dominación pashtun, particularmente en Afganistán del norte y central donde los pashtunos comenzaron a establecerse o se establecieron hacia finales del siglo XIX. El gobierno debió intervenir para reprimir la oposición al establecimiento pashtun en Wataghan (Barfield, 1978:30 y Shalinsky, 1986:300). Sin embargo permaneció insatisfecho con las fronteras que habían sido delimitadas por los británicos. Hemos visto que durante el siglo XIX los gobiernos de Afganistán fueron inducidos por Inglaterra para dejar a un lado, al menos de manera temporal, sus ambiciones para volver a tener el control de las áreas de Punjab, en particular Peshawar y el Derajat, y se les alentó a volcar sus energías hacia el norte y el oeste con el fin de crear un nuevo Estado incorporando el Herat y el Turkestán afgano. Pero permanecieron reacios a aceptar la división de los territorios pashtunos, y no fueron capaces de resistir la tentación de intrigar con las tribus fronterizas contra los británicos (véase Wyatt, 1997:195).

Habibullah fue asesinado en 1919 y lo sucedió su hijo Amanullah (1919-1929). Amanullah sostuvo una breve gue-

---

[22] Citando el caso de la moderna Etiopía y el Amhara, Hobsbawn comenta que "la situación interna de los estados es inestable en cuanto que el poder recae sobre una comunidad hegemónica sencilla, especialmente si aún continúa en el proceso de establecer dominio sobre el territorio entero del Estado" (1992:154). Esto se aplica también para Afganistán.

rra con Inglaterra el mismo año en que la independencia de Afganistán había sido reconocida formalmente por el Trata- do de Rawalpindi. Como se estaba conmemorando la resis- tencia afgana ante Inglaterra, Amanullah trató de generar apoyo para la monarquía durante el festival de Jashn que sir- vió para celebrar que Afganistán recuperó el control de sus asuntos exteriores (Dupree, 1978:539). Pero si en 1919 el gobierno afgano se comprometió a aceptar la Línea de Du- rand, en la Conferencia de Mussorie realizada en 1920 los negociadores afganos demandaron amplia soberanía sobre los pashtunos en ambos lados de aquélla. Los británicos re- chazaron la propuesta y Amanullah respondió con "intrigas desatinadas en las áreas tribales" (Poullada, 1973:67, tam- bién Dupree, 1978:444-445 y Gregorian, 1969:231-232).

También hubo dificultad para sellar completamente la frontera noroeste, y es importante asentar que un significati- vo número de uzbekos, tajikos y turcomanos refugiados de Asia Central cruzaron Afganistán en las décadas de 1920 y 1930 (véase Shalinsky, 1994). En 1920 los rebeldes soviéticos (*basmachi)* varias veces se refugiaron en el norte de Afganis- tán, mientras que a principios de 1929 durante el breve rei- nado de Habibullah II, las tropas soviéticas avanzaron casi 20 millas a lo largo de la frontera hasta Khulm (Hammond, 1984:16).[23]

El rey Amanullah pretendía emular a los gobernantes tur- co e iraní, Ataturk y Reza Shah, repectivamente, introducien- do "reformas" occidentalizantes, y por un tiempo el moder- nizador intelectual, Mahmud Tarzi, fue uno de sus consejeros más importantes. De la misma manera que suplicó a las leal- tades religiosas, Tarzi imitó a los nacionalistas europeos del siglo XIX al recalcar la importancia de los vínculos entre len-

---

[23] Periódicos de turkistaníes emigrados publicaron en Alemania que los bro- tes de violencia continuaban a lo largo de la frontera afgano-soviética hasta 1951 (Shalinsky, 1994:20). En 1949 los agitadores soviéticos cruzaron la frontera de Af- ganistán para alentar a los uzbekos, tajikos y turcomanos a oponerse al gobierno, pero en su mayoría se rindieron a las autoridades (Dupree, 1978:512).

guaje e identidad nacional. El nacionalismo afgano, argumentaba, debe basarse en los pashtunos más que en los persas (farsi). "Tenemos costumbres específicas, ética y un lenguaje nacional al que llamamos pashto", decía, y "cada ciudadano de Afganistán debe aprender el lenguaje, incluso si bien ellos (*sic*) tal vez no sean hablantes del pashto, y nuestras escuelas deben hacer de la enseñanza de este lenguaje su vocación más importante" (en Mousavi 1997: 158). En la década de 1920 el intento oficial para asociar la identidad afgana con la cultura y los valores pashtun empezó en serio, y se estableció la Tulana Pashtu (academia) para animar la investigación de la historia y la cultura pashtun y promover una ideología nacional (Poullada, 1973:73). Al mismo tiempo Amanullah debió notar que los pashtunos aún no monopolizaban los cargos importantes. Los tajikos en particular ocupaban posiciones importantes en el gobierno y la burocracia; incluso el tajiko Muhammad Wali Khan fue por un tiempo el primer ministro de Amanullah, y fungió como su regente mientras él estaba de gira en Europa en 1927-1928 (Poullada, 1973:201).

Sin embargo, la posición de Amanullah fue mucho más débil que la de Reza Shah o Ataturk. Hubo un grave levantamiento en 1928 que se debió, en parte, a la oposición de las tribus y los líderes religiosos a sus políticas centralizadoras y modernizadoras. Aunque fueron los shinwaris pashtunos quienes primero se levantaron contra el rey Amanullah en noviembre de 1928, los sucesos subsecuentes revelaron graves tensiones étnicas. Un tajiko de nombre Habibullah, normalmente llamado con algo de menosprecio Bacha-i Saqqao (hijo del cargador de agua) fue capaz de levantar un ejército en el área Koh-I Daman, al norte de Kabul, y tomar control de la ciudad, proclamándose él mismo Habibullah II en enero de 1929. Entre tanto, Amanullah huyó a Kandahar en donde intentó sin éxito reunir apoyo para intentar tomar de nuevo Kabul (Poullada, 1973:160-178).

Esta breve toma del poder por un tajiko en 1929 reflejaba el "resentimiento tajiko por la dominación pashtun" (Poullada, 1973:28).[24] En realidad, en algunas zonas del norte donde los pashtunos se habían establecido, el cambio temporal de gobierno en Kabul alentó a los habitantes nativos para correrlos.[25] Los pashtunos resintieron enormemente el gobierno tajiko en turno, y esto hizo que se movilizaran más fácilmente contra Habibullah II, cuyo reinado duró poco. Un primo lejano de Amanullah, Nadir Shah, ex ministro de guerra y cabeza de la familia Musahiban, dispuso su caída.[26] Con ayuda de las tribus de la frontera noroeste de India, los wazir y los mahsuds en particular, recapturaron Kabul en octubre de 1929. Si bien Habibullah II se entregó a Nadir Khan con la promesa de conducir el Estado, fue colgado. Hubo una rebelión posterior de los tajikos del Koh-I Daman en 1930 liderada por el tío de Habibullah II, y Nadir Khan tuvo que servirse de las fuerzas tribales para anularla (Fletcher, 1965:228, Sharani, 1986:53 y Poullada, 1973:80 y 195-196). Entre tanto, el único grupo no pashtun que apoyó a Amanullah en gran número fue el de los hazaras shiitas. Parece que esto se debió parcialmente al hecho de que se les había permitido celebrar los rituales Muharram en público (Shahrani, 1986:47 y R. Tapper, 1984:242). Nadir Shah no restituyó en el trono a Amanullah, pero éste se coronó a sí mismo. Fue asesinado en 1933 y sus hermanos tomaron el control; actuaron como regentes de otro hermano de 19 años, Muhammad Zahir Shah, y gobernaron el país durante los siguientes 20 años (véase Gregorian, 1969:345-347).

De tal manera el dominio pashtun fue restaurado, y el gobierno se fue volviendo "ciego ante la opresión de los grupos minoritarios" por los pashtunos y particularmente los

[24] Hyman insiste en que los miembros de otras comunidades minoritarias a menudo resintieron la parte que los tajikos jugaron en el gobierno (1922:71).

[25] En el área de Saripul los campesinos uzbekos resintieron la dominación de los khans pashtunos y hubo conflicto entre ellos en este momento (R. Tapper, 1984:244).

[26] Nadir Shah fue el bisnieto del hermano de Dost Muhammad Khan, el sultán Muhammad Khan, de manera que fue el tercer primo de Amanullah una vez destituido (Caroe, 1958:407 y Fraser-Tytler, 1967:225).

durranis (R. Tapper, 1984:242). Continuó la ambigüedad acerca de la identidad nacional. Durante la década de 1930 el gobierno usó la teoría de la supremacía aria para tratar de probar que todos los afganos, sin importar cuál fuese su historia, antecedentes religiosos u origen étnico, tenían relación con los arios y descendían de ellos. Se declaró que los antiguos arios, antepasados de los pashtunos y los afganos de hoy, fundaron su primer reino cerca de Balkh, en la parte norte de Afganistán, en algún momento entre 3500 y 1500 a.C. A partir de entonces —sigue la historia— se diseminaron por el este hacia India y por el oeste hacia Irán (Gregorian, 1969:345-347).

Pero la teoría del origen ario se usó también para "consolidar los lazos históricos y culturales de los pathans que vivían en Afganistán y en las tierras limítrofes" (Gregorian, 1969: 347). No solamente había ahí una política tácita de gobierno central de discriminación política y cultural contra los no pashtunos, sino que después de la breve permanencia de Habibullah II en el trono en 1929, el gobierno empezó a recalcar con mayor conciencia propia su carácter pashtuno. Lo que se ha descrito como la "politización de las relaciones pashtun y no pashtun [...] fuertemente sesgada hacia los pashtun", se convirtió en una importante característica del gobierno musahiban (Shahrani, 1986:51). Incluso aunque el persa era el lenguaje tradicional del gobierno y la administración a través de la región, el pashtu fue proclamado el lenguaje oficial en 1937. Se enseñó en la escuela, y los empleados civiles fueron forzados a tomar clases especiales para aprenderlo.[27] Sin embargo, los sucesos hacia fines de

---

[27] Se podría describir como "nacionalismo del Estado", hasta donde asimilación significa integración en la cultura del grupo étnico dominante (Markis, 1994: 225). Es interesante notar en esta relación que las unidades administrativas fueron delineadas y nombradas para evitar cualquier referencia a otras identidades, Así, el Turquestán afgano fue dividido en muchas provincias más pequeñas, y el nombre Turquestán cayó en desuso (como sucedió con Qataghan, y Uzbek el nombre tribal usado para referirse a la parte central del Turquestán afgano) (Shahrani, 1988:229).

la década de 1920 parecían subrayar la dependencia que el gobierno tenía de las tribus pashtun en particular. Así a algunos grupos fronterizos se les eximió de hacer el servicio militar y de pagar los impuestos (Gregorian, 1969:305 y Shahrani, 1986:52). Si bien los hablantes del persa así como los pashtunos se convirtieron en los administradores provinciales de más alto rango, casi nunca se ubicaron en posiciones importantes en las provincias de mayoría pashtun (Griffiths, 1967:66-67 y Kakar, 1995:57). Además, arguyendo que los pashtunos constituían una "nación" en el sentido moderno, el gobierno afgano continuó declarando que tenía el derecho de hablar por las tribus pashtun en el lado británico de la Línea Durand, lo cual obviamente hizo más difícil la creación de una "identidad nacional afgana" incluyente, que pudiera interesar a las minorías no pashtun en el mismo Afganistán. Incluso después de 1929 el gobierno continuó haciendose sirvir de quienes no eran pashtun, y en esencia no era pashtun exclusivamente.[28]

AFGANISTÁN EN EL PERIODO POSTERIOR
A LA SEGUNDA GUERRA MUNDIAL

A pesar de que hubo alguna modernización cautelosa en 1930 y 1940, el país continuaba sin desarrollarse y conservador, y muchas áreas permanecían ajenas a la capital. Sin embargo, en el periodo posterior a la guerra, varios hechos tendieron a romper con el aislamiento local. La Unión Soviética empezó a jugar un papel más importante, en parte debido a la rivalidad de Afganistán con Paquistán sobre el

---

[28] En la década de 1940, Abdul Majid Zabuli, un hablante de persa del Herat, que había establecido un banco inversionista para ayudar a financiar el cultivo del algodón y su procesamiento en el área de Baghlan-Kunduz en 1930, fue miembro del gabinete (1986:58, véase también Gregorian, 1969:314). Entre tanto, presumiblemente debido a su lealtad a Amanullah, los hazaras fueron reclutados en la nueva armada de Nadir Kahn-s (Gregorian, 1969:297 y 352 y Shahrani, 1986:56).

asunto de los pashtunos que se discutió antes. La ayuda soviética y occidental hizo posible, entre otras cosas, mejorar la conducción del sistema lo que, de alguna manera, facilitaba la integración nacional. La provisión educativa y de salud se extendió, y se hizo virtualmente universal el reclutamiento (Newell, 1986:114). También se inauguró un número de proyectos de desarrollo de agricultura a gran escala, pero esto principalmente en áreas en las cuales los pashtunos eran mayoría o se habían establecido en grandes grupos (Griffiths, 1967:66-68).

Algunos miembros del grupo imperante querían hacer hincapié en la naturaleza pashtun del Estado. En particular el primo del rey, Daud Khan, quien fuera primer ministro de 1953 a 1963, promovió el nacionalismo pashtun como nacionalismo afgano, aunque hubo algunas personas que no eran pashtun en sus gabinetes (Shahrani, 1986:58-59). Era también un gran apoyo del nacionalismo pashtun en Paquistán. En el periodo entre guerras se debe hacer mención a un movimiento nacionalista pashtun conocido como el Khudai Khidmatgaran (Servidores de Dios), y como "Camisetas rojas" debido al color de su ropa; se había desarrollado en la provincia fronteriza del noroeste encabezado por Abdul Ghaffar Khan, un pashtun muhammadzai del distrito Peshawar. Su finalidad era inspirar a los pashtunos un sentimiento de conciencia nacional pashtun para lograr la autonomía pashtun o la independencia (Fraser-Tyler, 1967:238, Gregorian, 1969:297, 323-324 y 328 y Jansson, 1981:49-51).

Antes de la independencia en India, las tribus de la frontera tuvieron la oportunidad de elegir entre unirse a India o a Paquistán, y eligieron a este último. El gobierno Afghano se opuso aduciendo que a las áreas tribales como a los Estados Principado se les había ofrecido la independencia (Dupree, 1978:489). En junio de 1949 en un intento por acabar con la oposición tribal local, la fuerza aérea paquistaní bombardeó un pueblo, justo cruzando la frontera de Afganistán. El gobierno afgano respondió con una Loyah Jirgah ("asamblea nacional"), que votó apoyo "nacional" para el suelo patrio pashtun, Pashtunistan, y declaró inválido el Acuerdo Durand de 1893 y los subsecuentes tratados Alglo-Indios que se referían a la condición de los pashtunos.[29] En la práctica, es preciso decir que había sido una "definición no aceptada universalmente del reclamo pashtun" (Wirsing, 1981:15). Algunos pashtunos en ocasiones el mismo Abdul Ghaffar Khan) percibían esta medida más como un apuntalamiento que como un renombramiento de la Provincia Frontera Noroeste que le daba mayor autonomía dentro de Paquistán. Para otros, la meta era un Estado pashtun independiente, separado tanto de Afganistán como de Paquistán. Públicamente Afganistán se pronunció por este último, mientras en Paquistán la demanda de la existencia de Pashtunistán fue concebida como un señuelo del irredentismo afgano y el Gran Afganistán, el cual incorporaría las áreas de mayoría pashtun de Paquistán (*ibid.*, Caroe, 1983:436-437).

En la década de 1950 y a principios de la de 1960 cruzaron a Paquistán muchos miembros de las tribus de Afganistán. Los ejércitos tribales afridi invadieron Paquistán en 1950 y en 1951, manifestándose por la causa de los pashtunos, y en la década de 1960 el gobierno afgano intrigó con el fakir de Ipi en Waziristán (Spain, 1995:81). Las relaciones entre Afganistán y Paquistán se deterioraron cuando no sólo cruzaron los miembros de las tribus pro afagnos al área de Bajaur de Paquistán, sino también las tropas afganas, en 1960 y 1961, hacia Dir. Como represalia, el gobierno paquistaní pidió a Afganistán cerrar sus consulados y agencias de comercio en Paquistán, provocando a Daud para cerrar la frontera entre los dos países en agosto de 1961. Su incapacidad para resolver la crisis resultante lo llevó a la dimisión en 1963. Aparentemente, la política pashtuna falló en todos los sentidos; además,

---

[29] Es difícil especificar cuánto apoyo hubo para los pashtunos; entre los afganopashtunos se formó un grupo llamado Juventud Alerta a fines de 1940, el cual promovía el concepto de pashtunos y tenía vínculos con Daud (Arnold, 1983:9-10).

debilitó paulatinamente la legitimidad del Estado afgano ante la mirada de las mismas minorías (R. Tapper, 1983:38, también Dupree, 1978:539, 554, Fraser-Tytler, 1969:323 y Jansson, 1981:237).

La dimisión de Daud dio al rey la oportunidad de ejercer su autoridad por primera vez, y se hizo un intento por establecer un sistema parlamentario de gobierno. Hubo elecciones en 1965 y en 1969, pero a los partidos políticos nunca se les permitió participar oficialmente. Sin embargo, de 1963 a 1973 la vida política fue un poco más libre y abierta. Hubo algunas concesiones menores a quienes no eran pashtunos; además, se reconocieron algunas lenguas minoritarias como nacionales que, por un tiempo, hicieron emisiones radiales.[30] El rey (según se dice él no hablaba pashtun) no estuvo de acuerdo con la política pashtunistana de Daud y creía que las minorías deberían ser directamente representadas en el gobierno. En los gabinetes había miembros de diferentes grupos étnicos gracias a un "sistema informal, sin nada de publicidad"; entre ellos, los hazaras, quienes aparecían por primera vez (Harpvikan, 1998:513, véase también, *e.g.*, Mousavi, 1997:149-150 y 159 y Shahrani, 198:63).

Por diversas razones el sistema parlamentario no logró echar raíces, y Daud usó a sus partidarios en el ejército para derrrocar a la monarquía y nombrarse a sí mismo presidente en 1973, tras un golpe de Estado muy apacible (Dupree, 1978, epílogo).[31] No es de sorprenderse que su gobierno no tuviese un carácter pashtun. La primera emisión de radio fue en pashtun y no en dari (afgano farsi); se cancelaron las concesiones menores que se habían garantizado en la década ante-

---

[30] Título 1, Artículo 3, de la Constitución de 1964, de la cual fue responsable Daud. Establece que el pashtun y el dari (es decir, persa-farsi) son lenguas *oficiales*, pero el Título 3, Artículo 35, que es "deber del Estado preparar y establecer un programa efectivo para el desarrollo y el fortalecimiento del lenguaje *nacional* pashtu" (Wirsing, 1981:3, Griffiths, 1967:147 y 154, también Caroe, 1983:528).

[31] Entre otras cosas empezó una grave sequía a finales de 1960. Para una discusión sobre el periodo parlamentario (véase Hymann, 1992 y Dupree, 1978:565-666).

rior a quienes no eran pashtunos, y revivió el asunto pashtuniano. Es interesante notar que Dant también puso la mira en el Baluchistán paquistaní. Había una importante población de baluchis en Paquistán así como en Afganistán, y cuando se inició un movimiento violento por la autonomía entre los baluchis de Paquistán, recibió apoyo afgano (Dupree, 1978:756-757, Hymann, 1992:69 y Shahrani, 1986:63).[32]

En lo que respecta a la importancia de la etnicidad en el periodo de la posguerra, después de 1945 una pequeña, pero creciente minoría de afganos, con diferentes y pobres antecedentes, estaba siendo educada en escuelas modernas expuesta a las ideas políticas de occidente. En realidad, muchos encontraron empleo en el sistema educativo en crecimiento. Se ha sugerido que, como resultado, empezó a surgir una identidad nacional real (Hymann, 1992:71)[33] Pero apenas necesitamos decir que la modernización no disolvió las identidades étnicas; por el contrario, cuando los gobiernos crean nuevas instituciones y empiezan a interferir más directamente en las diferentes formas en que las personas vivían, entonces esas identidades pueden adquirir un nuevo significado. Usar un lenguaje en particular en nuevas o crecientes burocracias, puede bien alentar una nueva autoconciencia linguística entre quienes hablan otras lenguas. Es interesante que, incluso entre los grupos izquierdistas que surgieron durante 1959 y 1960, entre los pashtunos, a los tajikos, hazaras y uzbekos había un sentido de rivalidad étnica, e incluso de hostilidad. Brevemente se unieron para formar un partido político no oficial, el Partido de los Demócratas de Afga-

---

[32] Aparentemente la intervención de Irán fue la responsable de la mejoría en las relaciones entre Afganistán y Paquistán después de 1975. Caroe señala que la URSS consistentemente apoyó a Afaganistán en el asunto pashtuniano, al menos desde la era de Krushchev, debido a que esperaban que el surgimiento de un nuevo Estado Pashtun significaría un Afagnistán y un Paquistán más pequeños, de tal suerte que fuese más fácil para ellos dominar la región (1983:530-532).

[33] La apertura de la academia militar a quienes no eran pashtunos en la década de 1969 ayudó también a finalizar con el monopolio pashtun del cuerpo de oficiales (Hymann, 1992:71).

nistán (People Democratic Party of Afghanistan) en 1964, y formaron un partido conocido como Sitami Milli (Contra la Opresión Nacional), el cual se enfocó en las relaciones étnicas (Jyman, 1992:60). Asegurando que las dos principales facciones del PDPA (Khalq y Parcham) eran "agentes de la clase gobernante pashtun", Badakhshi argüía que quienes no eran pashtunos padecían más la étnicidad que la opresión de clase. La principal labor consistía entonces en la emancipación de las "nacionalidades oprimidas" por la dominación pashtun (Kakar, 1995:55 y Shahrani, 1984:156-157).[34]

Es apropiado hacer aquí un breve comentario sobre las limitaciones interétnicas. Se mantuvieron las restricciones a las mujeres para casarse con hombres de otros grupos. El límite más fervientemente defendido fue aquel entre pashtunos y otros, y los hombres pashtunos no permitían a las mujeres pashtunas casarse con quienes no lo eran. Las barreras entre algunos otros grupos como los uzbekos, tajikos y aymaqz, no eran tan rígidas. Los hazaras, sin embargo, en parte debido a que eran shiitas, tendían a tener un estatus menor, de modo que a las mujeres de otros grupos normalmente no les era permitido casarse con hombres hazara (véase, *e.g.,* Centilivres, 1976a:12-13, Centilivres-Demont, 1976, Dupree, 1978:187, Shalinsky, 1994:102, R. Tapper, 1991:39-31 y R. Tapper, 1984:240).

En donde se establecían, los pashtunos tendían a apropiarse de más y mejores tierras; como la sociedad afgana no

---

[34] Badakhshi resintió particularmente el chauvinismo pashtun de Taraki y Amin y otros miembros de la facción Khalq (Shahrani, 1984:156-157). Las ideas izquierdistas no fueron las únicas que llamaron la atención de los jóvenes afganos desleales en este periodo. Algunos, incluyendo a Burhanudddin Rabbani (más tarde líder del partido Jamiat-I Islam, *mujahidim* y presidente de Afganistán de 1922 a 1996), fueron atraídos por el islamismo de los Hermanos Musulmanes y Abul Ala maududu. En reacción contra la fuerza creciente de los comunistas en la Universidad de Kabul, a fines de la década de los años sesenta, Rabbani y algunos de sus colegas empezaron a formar una oposición al islamismo. Después de que Daud regresó al poder en 1973, muchos de sus miembros fueron hechos prisioneros, pero Rabbani y otros pudieron escapar al extranjero (Roy, 1985:94-105 y Sahrani, 1984:158-159).

estaba realmente estratificada en líneas étnicas había pashtunos pobres y acaudalados, exactamente como en otros grupos étnicos, y es posible decir que el predominio político no se reflejaba totalmente en el estatus económico; los hazaras que se desplazaban a Kabul en busca de trabajo tendían a formar una clase de trabajadores humildes mal pagados (Centilives, 1976b, Glatzer, 1998:170-171, R. Tapper, 1984 y R. Tapper, 1991:39).

Muchos observadores han comentado sobre lo que Fletcher refiere como el "orgullo étnico" de los pashtunos (1965: 246), y Anderson sugiere que tradicionalmente para los pashtunos la diferencia tendía a significar jerarquía, y debido a esto sólo podían considerar las relaciones interétnicas como desiguales (1978:5). Ciertamente, el especial interés de los pashtunos en continuar vinculados a un descendiente patrilineal común, y su rechazo al matrimonio con miembros de otros grupos dificultó la integración social. Las relaciones interétnicas continuaron siendo adversas en el ámbito local, y las elecciones para el parlamento creadas a principios de 1969 expusieron las rivalidades étnicas (véase, *e.g.,* Centilivres y Centilivres Demont, 1998:10).[35] Sin embargo, la división más marcada era entre los pashtunos y los demás, y en varios distritos electorales los candidatos pashtunos fueron enfrentados, algunas veces con éxito, por candidatos que representaban a coaliciones de mayorías dominantes que no eran pashtunos (Dupree, 1978:652, Shalinsky, 1986:3000 y R. Tapper, 1984:244).[36]

[35] Griffits sugiere que el hecho de que la policía (en su mayoría uzbeka y hazara) disparara sobre estudiantes manifestantes (en su mayoría pashtunos) en Kabul en 1965, matando a tres e hiriendo a muchos más, también puede deberse a tensiones étnicas (1967:73).

[36] En cuanto a números se refiere, existe la conjetura razonable de que hay 9 000 000 de pashtunos en Afganistán hoy en día, cerca de 4 000 000 de personas que podrían ser identificadas como tajikos incluso si ellos mismos no consideran tener en común más que el lenguaje, cerca de 1.5 000 000 de hazaras y casi el

Desarrollos desde 1978

En abril de 1978 el gobierno de Daud fue vencido en otro golpe militar, ahora mucho más violento. Hubo algunos combates principalmente en los alrededores de Kabul en el curso de los cuales Dand y varios de sus parientes fueron asesinados. Así el dominio familiar de Afganistán terminó, y tomó el poder un gobierno de izquierda determinado a modernizar el país sobre bases socialistas. Se hicieron varias leyes relativas a las obligaciones rurales, gastos de matrimonio y títulos de propiedad de la tierra (véase, *e.g.,* Beattie, 1984). Hubo también un intento por introducir una política de "nacionalidades" al estilo soviético; la heterogeneidad étnica del país se reconoció formalmente, y la radiodifusión limitada y las publicaciones comenzaron a hacerse en los lenguajes minoritarios más importantes del país (Hyman, 1992:85). Se designó a muchos ministros que no eran pashtunos, entre ellos el hazara Kishtmand, el uzbek Abdul Hakim Jozjani, y el tajik Ghulam Dastgir Panjshiri. Inicialmente fue nombrado un shiita de Herat, Abdul Qadir, como ministro de la Defensa, pero pronto se le destituyó. El dominio pashtun continuó, si bien más ghilzais que durranis acapararon las posiciones clave (Anwar, 1988:41, 120).

La fractura causada por el programa de reforma y la oposición del gobierno cerró los vínculos con la Unión Soviética y llevó al estallido de la revuelta armada en varias zonas, lo cual devino suficientemente grave como para que la URSS, temiendo que el gobierno pudiera ser derrocado, ocupó Afganistán con más de 100 000 soldados durante el invierno de 1978-1979. Muchos soldados eran uzbekos, tajikos y turcomanos de las Repúblicas de Asia Central, debido a que se creía que esto era más tolerable para los afganos, pero pronto tuvieron que ser retirados ya que aquéllos no conta-

---

mismo número de uzbekos (véase Glatzer, 1998:169-172). Probablemente hay cerca de 750 000 farsiwan y entre 100 000 y 200 000 turcomanos, baluchis y brahuis, nuristanis y pashais.

ban con que tendrían que luchar contra gente que profesaba la misma religión y que, algunas veces, tenía el mismo lenguaje (Akcali, 1998:275). Quedó comprobado que era imposible someter al país, y la lucha continuó. Muchos millones de afganos se convirtieron en refugiados en Paquistán y en Irán (véase, *e.g.*, Hyman, 1992 y Kakar, 1995), lo cual se presentó a su vez como la oportunidad que Paquistán esperaba para jugar con las lealtades pashtunas. Encauzó la mejor parte de las armas estadunidenses y demás ayuda extranjera hacia los grupos predominantemente *mujahidin* pashtunos, y en particular para el islami Hizb-I de Gulbudin Hekmatyar. Más recientemente ha sido la influencia más importante en el crecimiento de El Talibán (Rashid, 1988 y Saikal, 1998:37).

El apoyo externo aunado a la capacidad para establecer campamentos en Paquistán permitió a los *mijahidin* mantener la presión militar, y la URSS empezó a buscar una salida que no implicara mucho desprestigio. Finalmente en 1989 las tropas soviéticas fueron retiradas dejando un gobierno títere encabezado por el doctor Najibullah y Ahmadzai Ghilzai Pashtun. El fracaso del golpe de agosto de 1991 en Moscú trajo como consecuencia el cese de la ayuda rusa lo cual debilitó fatalmente al régimen. El último líder de la milicia comunista, el general uzbeko Abdul Rashid Dostum, le retiró su apoyo a Najibullah y unió sus fuerzas con el líder *mujahidin* el tajiko Ahmad Shah Massoud, lo cual los posibilitó para tomar Kabul en 1992. Se estableció un nuevo gobierno islámico con el presidente Burhanuddin Rabbani, un tajiko, en 1992. Sin embargo, se enfrentó con la fuerte oposición del islámico Hizb-I de Hekmatyar, así como del shiita Hizbi-I Wahdat en Kabul, y no logró ganar el respaldo de Paquistán (Saikal, 1998).

En 1994, El Talibán, un movimiento de estudiantes religiosos de habla pashtun, tomó el control de Kandahar. Muchos de ellos tuvieron que crecer en campos de refugiados a lo largo de la frontera de Paquistán, y se parecían a los Tutsis que llegaron precipitadamente de Uganda y derrocaron al gobierno de Rwanda en el mismo año. Rabbani y Massoud trajeron a Hekmatyar al gobierno, pero estaba aún muy débil como para resistir a El Talibán que tomó Herat en 1995. Sacando provecho del sentimiento de frustración pashtun ocasionado por el hecho de que Kabul estaba en otras manos, no pashtun, por primera vez desde 1929, fueron capaces de tomar el control de esta ciudad en 1996 (Roy, 1998:208 y Davis, 1998). Después de un intento fracasado por tomarla en 1997, en el verano de 1998, finalmente, accedieron a la última fortaleza que se les oponía, la ciudad norteña de Mazar-I Sharif (*Economist*, 8 de agosto de 1998). A esto le siguió, debemos decirlo, una masacre de hazaras shiitas (*Independent*, 29 de noviembre de 1998). De tal forma El Talibán llegó a controlar las ciudades principales, aunque muchas otras del noreste continuaron siendo independientes.

En lo tocante a la importancia de la etnicidad, desde el golpe de los izquierdistas en 1978, ninguno de los diferentes grupos *mujahidin* declaró representar a un grupo étnico en particular. Las lealtades políticas fueron determinadas, al menos en parte, por simpatías comunistas o islámicas, y en la práctica la étnicidad dictaba apoyo a una parte o facción más que a otra. Los tajikos, tendieron a seguir y dominaron el Jamiat-I Islami, abanderado por Rabbani. Los inmigrantes pashtunos del norte tendieron a unirse al islami Hizb-I del pashtun Kharoti Hekmatyar. La milicia Jumbesh del general Dostum era principalmente uzbeka. Con posterioridad, la importancia de la ideología declinó y parece que la etnicidad se volvió cada vez más importante. El Hizb-I Wahdat fundado a fines de 1980, es exclusivamente hazara. Es necesario anotar que la confianza de los hazaras aumentó como resultado de la guerra y se ha sugerido, que tienen el más alto grado de integración política interna hoy en día (Glatzer, 1998:171 y 181).

La más obvia grieta es aquella entre pashtunos y los demás. En particular los tajikos y los uzbekos han tendido a unirse contra ellos, y parece que muchos pashtunos han dejado el norte (así como hazarajt) (Mousavi, 1997:187, Rasuly-Palezcek, 1998:221-222 y Spain, 1993:125-126). Además, la mayoría de los pashtunos, incluyendo a quienes no comparten su concepción del Islam ya los antiguos comunistas, han llegado a apoyar a El Talibán (Maley, 1998:15 y Roy, 1998:200). En alguna medida esta división se ha reflejado en términos militares. Así, en 1997 los uzbekos, los hazaras, los ismailis, y los tajikos unieron fuerzas para llevar a El Talibán fuera de Mazar-i Sharif, y los pueblos que quedaban de camino a Kabul (Ahady, 1998:134).

Sin embargo, las identidades subétnicas aún no han desaparecido. Por ejemplo, dentro del islami Jamiat-I, la gente de Badakshan ha tendido ha seguir a Rabbani, un compañero badakhshi, en tanto que los panjshiris han seguido a Massoud, quien viene del panjshir (Saikal, 1998:35-36 y Roy, 1998:206). En cuanto a los pashtunos, Roy argumenta que El Talibán no ha eliminado permanentemente la segmentación tradicional, más bien "da cuerpo al resurgimiento de un fenómeno tradicional en Afganistán: la reunión de miembros de tribus pashtunas, en un momento de crisis, alrededor de un líder religioso y carismático" (1998:208-209).[37] Establece que ninguno de los partidos en Afganistán se ha comprometido aún a promover el interés de un grupo específico, sin mencionar la creción de un nuevo Estado basado en una comunidad étnica en particular (*op. cit.*:200).

Tal vez sea iluminadora una comparación hecha entre los desarrollos en el Cuerno de África —una región similar caracterizada por la diversidad social y la inestabilidad política. Aquí, argumenta Markakis, la etnicidad es "un imperativo incrustado en los fundamentos de orden político y funciona como un factor controlador en el proceso político, mucho antes de que aparezca un movimiento étnico para desafiar ese orden" (1994:236). Como en el noroeste de África, en

---

[37] Presumiblemente, piensa en los movimientos contra la ocupación británica en el siglo XIX.

Afganistán las identidades étnicas están siendo "definidas en el proceso de interacción —cooperación, competencia, confrontación, incluso guerra— entre grupos", y es el sentimiento de compartir el mismo aspecto y los prospectos sociales lo que lleva a la gente a hacer hincapié en las identidades étnicas (*ibid.*). Pero parece que la mayoría de la gente en Afganistán, como en el Cuerno de África, quisiera ver sobrevivir a un Estado genuinamente incluyente, incluso los hazaras, quienes aparentemente habían llegado más lejos en la senda separatista, luchan por la autonomía no por la independencia (Glatzer, 1998:180-181). Hasta la fecha en Afganistán, así como en muchos otros países étnicamente diferentes, los grupos étnicos quieren tener mayor participación de los recursos comandados por el Estado existente antes que estados separados (Hobsbawn, 1992:154-155).

Finalmente, vale la pena mencionar que el colapso de la Unión Soviética ha producido nuevas tensiones. La creación de las diversas repúblicas de Asia Central por la Unión Soviética en la década de los años veinte ayudó a generar nuevos nacionalismos en la región (Hobsbawm, 1992:166). Ahora que las Repúblicas son independientes, algunas personas quisieran ver a los uzbekos, los tajikos y los turcomanos que viven en el norte de Afganistán incorporados a ellos.[38] En 1995 el ministro del Interior de Tajikistán, Yaqubjan Salimov, pidió a los tajikos que vivían en Afganistán (y uzbekistán) acercarse al gobierno unificado Tajik. Aunque fue rechazado por el gobierno, el discurso reflejó "corrientes ocultas nacional-populistas" en Tajikistán (Hyman, 1998:105-106). De manera similar, algunos uzbekos, tajikos y turcomanos de Afganistán bien pueden estar en favor de establecer vínculos más cercanos con las repúblicas de Asia Central, y ciertamente se han establecido contactos entre algunos de los líderes afganos y los gobiernos de las Repúblicas de Asia

---

[38] La gente se refugió de la guerra civil en Tajikistán en 1992 a lo largo del río en Afganistán, y según se informa hubo ataques en Tajikistán desde las bases *mujahidin* de ahí (Akcali, 1992:278-279).

Central.[39] El líder del Jamiato, Ahman Shah Massoud, tenía una buena relación con la oposición islamista en Tajikistán, y fue invitado a participar en las negociaciones para la colonización en 1997 a cambio de mayor apoyo logístico. El gobierno de Uzbekistán brindó considerable apoyo al general Dostum a mediados de los noventa (Saikal, 1988:41).

Resumen y conclusión

A principios del siglo xix, después de la caída del imperio Durrani, en el área ocupada por el presente Estado de Afganistán había pequeños estados y principados que tenían carácter étnico, en lo que se refiere a que fueron en su mayoría regidos por miembros de uno u otro grupo, pashtunos, tajikos, uzbekos, o hazaras. Algunas zonas, particularmente a lo largo de la frontera con India, fueron ocupadas por grupos tribales organizados de forma más igualitaria. La gente se dividía no sólo por identificación regional y lealtades políticas, sino también por su modo de vida, religión y secta, tribu y parentesco, lengua y cultura, y tradición histórica. Aparentemente, algunos grupos, en particular los pashtunos, tenían desarrollada más la identidad étnica, lo que no sucedía con otros como los tajikos. No obstante, esta diversidad existía cuando el Estado afgano moderno fue fundado, y tenía cierta importancia política, social y económica.

Muhammadzai Durranis empezó a incorporar por la fuerza con ayuda británica, a esta población enormemente dividida al nuevo Estado de Afganistán. Las circunstancias hicieron que tuviera que confiar en personas con diferentes identidades étnicas para mantener la administración. Los tajikos se sirvieron de los compañeros pashtunos y los durranis alentándolos a desplazarse hacia el norte para incrementar

---

[39] De acuerdo con un reporte, Massoud esperaba "reunir Tajikistán" llevando a todos los tajikos que vivían en el norte de Afganistán juntos (Rumer, 1993:95).

el control de los primeros y favorecer a los segundos. Se ha sugerido que Abdul Rahaman creó un "Estado-nación" (Kakar, 1979:232); en realidad, dado que se institucionalizó en alto grado la dominación pashtun, se puede argumentar que creó las bases de un Estado "etnocéntrico", y que sus sucesores continuaron el proceso con la intención de hacer oficial la lengua pashtun y en general, para favorecer a los pashtunos cuando llegaran los impuestos y la asignación de los recursos.[40]

Un estudio reciente sugiere que la etnicidad, si bien ha sido importante, no ha jugado por sí misma un papel clave en el desarrollo del Estado moderno afgano. Más bien es la "incoherencia moral del propio Afganistán" y la ausencia de un "discurso moral de condición de Estado compartido por la mayoría de los ciudadanos" la responsable del desarrollo político diversificado del país desde fines del siglo XIX (Edwardes, 1996:3-4). ¿Es esto, tal vez, confundir efecto por causa? Los factores culturales sin duda jugaron un papel muy importante (según Anderson en pashtun tradicional la diferencia cultural tiende a significar inequidad, lo que parece relevante aquí). Pero es posible argumentar en contra que la defensa continua de los pashtunos del gobierno de Abdul Rahman y sus sucesores, hace más difícil que otras comunidades se identifiquen con el Estado afgano lo que contribuye a la inestabilidad política.[41]

---

[40] Término acuñado por Ali Mazrui (1975). No es sorprendente que entre los historiadores afganos haya acalorados debates, respecto a la naturaleza del Estado afgano y el grado al cual se institucionalizó la desigualdad étnica. El historiador Hassan Kabar, cuyos antecedentes son pashtunos, tendió a presentar el surgimiento del Estado afgano moderno con una visión generalmente positiva, si bien no intentó encubrir la crueldad del gobierno de Abdur Rahman (1979). Otros estudios con antecedentes diferentes, tales como el uzbek Nazif Shahrani (1984, 1986 y 1988) y el hazara Sayed Askar Maousavi (1997), han adoptado una línea más crítica y muy diferente.

[41] Hyman insiste en que los habitantes de Afganistán no han deseado ser una nación, y en que el surgimiento del patriotismo, efímero o erróneo, puede ser mejor visto como un nacionalismo embrionario (1992:7).

Otra razón por la cual es tan difícil crear una identidad nacional incluyente en Afganistán es que muchos de sus habitantes tienen vínculos culturales y relaciones históricas con quienes viven en Estados vecinos. A lo que se sumó, el hecho de que Abdul Rahman y sus sucesores fueran tan reacios a aceptar un *kleinafghanistan* y cortar sus lazos con los pashtunos que vivían fuera de su territorio. Especialmente, después de la independencia india, los gobiernos afganos hicieron un llamado en favor de la autonomía o independencia para los pashtunos en Paquistán, lo cual en la práctica habría incrementado enormemente el involucramiento afgano con ellos.[42] Irónicamente esto ayudó a desestabilizar el desarrollo de la política afgana, porque perturbaba a los no pashtunos en Afganistán e invitaba, en represalia, a la intervención paquistaní. Los lazos tradicionales sociales, políticos y económicos con las repúblicas de Asia Central están siendo reactivados y el hecho de que algunos afganos compartan el lenguaje y una filiación sectaria con la mayoría de los iraníes hace que sea más fácil para Irán desempeñar un papel importante en la política afgana.[43]

Gracias a esto la importancia de la etniciad en Afganistán cambió considerablemente. Para empezar, con el desplazamiento de poblaciones cuantiosas de pashtunos hacia el norte, zonas independientes fueron incorporadas en un nuevo orden político dominado por los pashtunos, lo cual creó nuevas tensiones étnicas que se expresaron, en particular, en la caída de Amanullah en 1929, y en el intento de acomodar a los colonizadores pashtunos. Nuevas maneras de considerar y evaluar las diferencias culturales provenientes del oeste fueron asimiladas, y las tensiones se exacerbaron por los esfuerzos para dar al Estado el caracter explícitamente

---

[42] Si bien la influencia de los pashtunos en el lado paquistaní de la línea pudo de hecho haber sido más grande que la del lado afgano (véase Caroe, 1958:437).

[43] Irán ayudó a crear la Alianza antipashtun del norte en 1991 y ha tratado de controlar el moviemitno hazara, para luego crear una identidad hazara más coherente (Ahaday, 1988:123).

pashtun que no había tenido antes. Más aún, como el Estado se modernizó lentamente y se crearon nuevas instituciones y una nueva administración más poderosa, se formaron nuevas arenas para la competencia política y económica. El proceso no había llegado muy lejos antes de la ocupación Soviética, pero ya se había propagado la idea de que las identidades étnicas podrían usarse para movilizar a la gente con el fin de competir por el control de las instituciones del Estado modernizado y los recursos. Algunas veces, en el periodo de las contiendas electorales locales, salieron a relucir tensiones étnicas. La modernización estuvo hasta cierto punto asociada con la creación de un nuevo sentimiento de identidad nacional en Afganistán, y tendió a la politización de las identidades étnicas más antiguas, especialmente después de la partida de las tropas soviéticas cuando tuvo su más violenta expresión.

Es difícil predecir el resultado. Hemos visto que no pudo desarrollarse un sentimiento de identidad nacional, el cual no tenía mucho sentido para las comunidades minoritarias; ahora parece que a la mayor parte de los afganos les gustaría que el Estado se reconstruyera de forma incluyente y carácter menos opresivo, y no sencillamente demolerlo. Y parece que apuestan por la reconstrucción incluso estando en desacuerdo acerca de la forma que tome el Estado. El Talibán podrá tener éxito en aglutinar al país, particularmente si están dispuestos a permitir algo de autonomía local genuina; pero a juzgar por su conducta, parece difícil que esté dispuesto a hacerlo. Tal parece que continúa una moderada "guerra civil" de bajo nivel y, en esas circunstancias, probablemente empeorarán las divisiones étnicas y las tensiones, que podrían llevar al país a la desintegración.

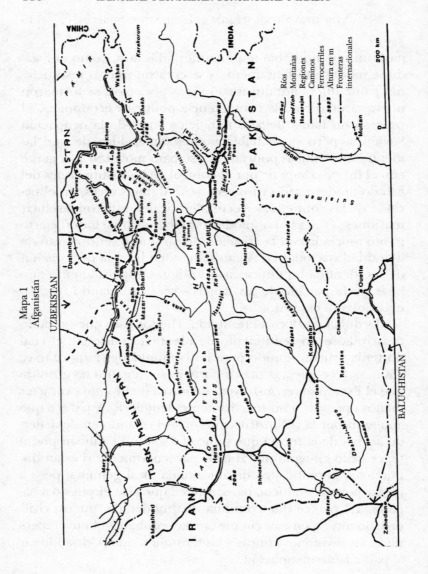

Mapa 1
Afganistán

Mapa 2
Grupos étnicos en Afganistán

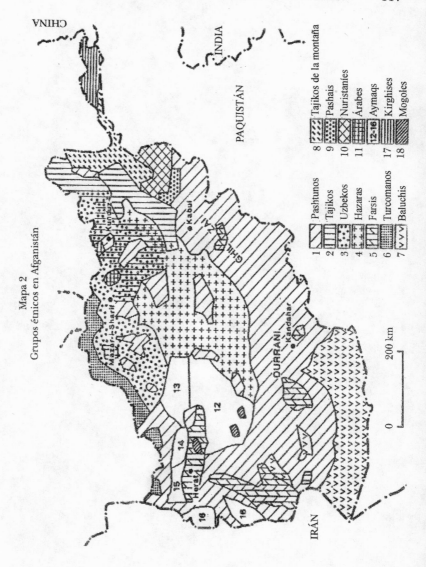

1	Pashtunos	8	Tajikos de la montaña
2	Tajikos	9	Pashais
3	Uzbekos	10	Nuristanies
4	Hazaras	11	Árabes
5	Farsis	12-16	Aymaqs
6	Turcomanos	17	Kirghises
7	Baluchis	18	Mogoles

200 km

0

LA BASE DE SUSTENTACIÓN DEL FENÓMENO ÉTNICO. ESTADO, COMUNIDAD Y USO DIFERENCIAL DE LOS RECURSOS NATURALES EN SIRIA DEL NORTE DURANTE TIEMPOS PALEOBABILÓNICOS

DIEGO BARREYRA
El Colegio de México

INTRODUCCIÓN

En el balance de los recientes estudios sobre el problema de la etnicidad son pocas las referencias al papel del uso de los recursos naturales como variable formativa de la identidad de grupo. El territorio, la religión, la lengua, el color de piel, las diferencias en el registro de cultura material, etc., son variables asiduamente citadas como constitutivas de la formación étnica. Incluso algunos autores dirigen su mirada, con especial atención, al tema de la apropiación de los recursos por la élite, que manipula el discurso "étnico" para sus fines hegemónicos.[1] Pero el tipo de uso de los recursos naturales frecuentemente ha sido omitido como variable en los estudios contemporáneos. Quizá un factor causal para esta omisión haya sido la bien conocida perspectiva ahistórica de muchos antropólogos.

---

[1] Me refiero en particular a obras como la de Donald, Horowitz, *Ethnic groups in conflict*, Berkeley, Los Ángeles, University of California Press, 1985.

Remando contra la corriente, en los últimos trabajos de historiadores sobre el Cercano Oriente Antiguo se hace visible un fuerte "resurgimiento" de explicaciones de los fenómenos históricos, basadas en el análisis de las peculiaridades económicas y en el estudio exhaustivo de las variables ecológicas en cada región.[2] La posibilidad de que tales estudios puedan ser tildados de deterministas económicos está siempre presente, pero lo cierto es que en algunos casos es imposible explicar los fenómenos sin poner de relieve esta realidad de base. Marvin Harris dice que "la vida social humana es una reacción frente a los problemas prácticos de la vida terrenal",[3] y es en este sentido o, mejor dicho, siguiendo esta idea como directriz de sus investigaciones, que, de acuerdo con mi opinión, estos historiadores provocaron tal resurgimiento. Así, Mario Liverani, en la introducción de su libro *El Antiguo Oriente*,[4] plantea que, entre los problemas que debe considerar cualquier historiador, "la discontinuidad ambiental es un rasgo estructural de Oriente Próximo, y un dato importante desde el punto de vista histórico, porque supone que regiones con recursos y vocaciones distintas están entremezcladas y en estrecho contacto".[5] Esta particularidad ecológica oficiará de elemento explicativo en muchos

---

[2] El término "resurgimiento" no está utilizado aquí en forma limitada a la disciplina, sino en un sentido más general, relacionado con el conjunto de las ciencias sociales. Es bien conocido que desde hace aproximadamente dos décadas ser identificado con el "determinismo económico" se ha constituido en un pasaporte directo al infierno. Cuando en los años treinta del siglo xx Marc Bloch y Lucien Febvre encabezaron la lucha contra la historia *événementiel* con la fundación de la escuela de *Annales*, lo hicieron mediante un llamado para la construcción de una historia "en profundidad", una historia económica, social y mental que estudiara la interrelación del individuo y la sociedad. Según Julián Casanova "a una ciencia de ese tipo no le queda más remedio que intentar revelar lo profundo, las condiciones estructurales profundas y los mecanismos de la sociedad". Julián Casanova, *La historia social y los historiadores. ¿Cenicienta o princesa?*, Barcelona, Crítica, 1991, p. 26. Esta saludable tendencia derivó posteriormente en un exacerbado economicismo, pero tal resultado no debería hacernos descartar sin más aquellos postulados.

[3] Marvin Harris, *El materialismo cultural*, Madrid, Alianza, 1987, p. 11.

[4] Mario Liverani, *El Antiguo Oriente. Historia, sociedad y economía*, Barcelona, Crítica, 1995.

[5] Mario Liverani, *op. cit.*, p. 36.

casos. Del mismo modo, Nicholas Postgate plantea que la geografía de Mesopotamia es esencial para entender su historia: "define el estilo de vida de la comunidad agrícola, y por eso el de la ciudad. Preordena el lugar de los asentamientos y de las rutas entre ellos. Los extremos de temperatura y los cambios abruptos en el paisaje dividen el área en muy distintos ambientes".[6]

Entonces, la cuestión es que Mesopotamia no es un todo homogéneo; las situaciones varían dependiendo del contexto ecológico y del tipo de uso de los recursos que practican los grupos humanos en relación con ese contexto ecológico, y por eso es indispensable un conocimiento de la base económica que auxilie la diferenciación de los fenómenos históricos. Según las zonas a que hagamos referencia, nos encontraremos con diversos elementos en donde las variadas situaciones particulares establecen un estrecho contacto, tanto pacífico como conflictivo. Estas "fronteras" internas pueden tener su fundamento también, además del tipo de uso de los recursos naturales y en relación con éste, en la posibilidad que detentan ciertos grupos humanos para decidir el ingreso o el rechazo de elementos culturales que consideren foráneos, reforzando mediante este ejercicio una conciencia de las peculiaridades culturales propias.[7] Y en este caso podríamos hablar de diferencias étnicas durante los tiempos antiguos.

Pero aunque muchos autores piensan lo étnico como construcción del imaginario social, y como construcción que está sujeta a cambios a través del tiempo, el concepto de etnia continúa limitado a la historia contemporánea. Para Rodolfo Stavenhagen, si bien la "cuestión étnica" es un rasgo de los procesos históricos contemporáneos (pues la problemática se refiere a la relación de las etnias con el Estado), la existencia de grupos étnicos es muy anterior a la creación de los Esta-

---

[6] J. Nicholas Postgate, *Early Mesopotamia. Society and Economy at the Dawn of History*, Londres y Nueva York, Routledge, 1994, p. 3.
[7] Véase Mario Liverani, *op. cit.*

dos-nación.[8] Sin embargo, en términos de caracteres "objetivos", también el Estado participó en tiempos antiguos en la naturaleza y la dinámica del fenómeno étnico, potenciando el proceso de construcción de una identidad cultural en los grupos étnicos. La etnicidad puede tener un componente "primordial", puede estar en parte basada en la búsqueda humana individual de pertenencia a algún grupo constituido, pero en el juego político de interacción con otras entidades étnicas, la etnicidad pasa a ser en definitiva una variable de formación social.[9]

Así, la relación política entre la ciudad-Estado de Mari y las comunidades agropastoriles de Mesopotamia septentrional durante la primera mitad del segundo milenio a.C. parece haber adoptado las características de un enfrentamiento entre dos etnias,[10] y este enfrentamiento, en parte, se debió a las diferentes modalidades de apropiación de los recursos. El Estado urbano y las comunidades aldeanas mantienen decididamente distintas formas de pensar la economía, teniendo el primero como principal objetivo el de la maximización de los beneficios.

En la región de Siria del norte, y más precisamente en la zona del río Khabur, el contexto climático y geográfico, y el uso de los recursos por los grupos humanos, dieron como resultado un complejo socioeconómico muy peculiar, el cual no puede dejarse a un lado de ningún modo a la hora de

[8] Véase Rodolfo Stavenhagen, "La cuestión étnica: algunos problemas teórico-metodológicos", en *Estudios Sociológicos*, vol. X, núm. 28, México, El Colegio de México, 1992.

[9] Véase Susana B.C. Devalle, "Discourses of ethnicity: The faces and the masks", en M. Howard (ed.), *Ethnicity and Nation-Building in the Pacific*, Tokio, The United Nations University, 1989.

[10] Creo que es posible definir como etnia a un grupo humano que, bajo la influencia directa del control estatal y, por lo tanto, habiendo internalizado con el tiempo su ideología, se siente radicalmente diferente a los grupos que escapan a esa influencia y mantienen sus propios medios de organización social. Para Devalle, la etnicidad debe verse "como fenómeno histórico, subordinado a las contradicciones de clase y a las que existen entre centro y periferia, y como un elemento que opera en la dialéctica cultural". Susana B.C. Devalle, *La diversidad prohibida. Resistencia étnica y poder de estado*, México, El Colegio de México, 1989, p. 13.

desentrañar los enigmas de la historia política del periodo mariota (siglos XIX-XVIII a.C.). Es más, los acontecimientos políticos en parte se explican o adquieren sentido por la existencia misma de este peculiar complejo que no existe en el sur de Mesopotamia.

En este trabajo trataré de realizar un balance de lo que actualmente se sabe respecto a las características de este complejo socioeconómico en la región de Siria del norte y su relevancia para el estudio del fenómeno étnico en la antigüedad. Pero antes me detendré un poco en la diferenciación socioeconómica existente entre los dos grandes bloques geográficos del norte y el sur de Mesopotamia y cómo esta diferenciación fue frecuentemente olvidada cuando se intentaron reconstruir "conflictos étnicos".

DIFERENCIAS ECOLÓGICAS Y DE APROVECHAMIENTO DE LOS RECURSOS ENTRE EL NORTE Y EL SUR DE MESOPOTAMIA. EL CASO DE MARI

Para ejemplificar la importancia de las diferencias norte-sur en el campo de la metodología del trabajo histórico me parece muy ilustrativo delinear la evolución de los estudios sobre el caso del "nomadismo" de Mari y la construcción "étnica" que se hizo de éste. El tema de la relación entre los grupos de pastores y los de agricultores sedentarios está dirigido especialmente, en la actualidad y para la historia del Cercano Oriente Antiguo, a la situación de la ciudad de Mari durante los siglos XIX y XVIII a.C. En Mari, situada en el Éufrates medio, tenemos una instantánea del proceso de tensa relación entre los intereses del Estado urbano y los intereses de los grupos aldeanos políticamente organizados que no siempre se sujetan a los designios del dinasta en turno y que habitan en los mismos confines del área que Mari reclama como zona de influencia. Pero la posición de Mari en Siria se hace aún más interesante cuando tenemos en cuenta que debe su origen a la decisión de los sectores gobernantes de las ciudades del sur sumerio de colocar una avanzada comercial urbana en la puerta de acceso a las materias primas de Siria y Líbano. La "inserción" de esta ciudad-Estado, de cuño típicamente meridional, en un medio diferente como es el del norte, siempre fue traumática en lo que se refiere a su relación con los grupos aldeanos políticamente organizados. Pero lo dicho en último término es más bien producto de la historiografía de los últimos 30 años, y no proviene precisamente de muchos investigadores.

Jean Robert Kupper, en su famosa obra *Les nomades en Mésopotamie au temps des rois de Mari*,[11] veía la antigua Mesopotamia como el teatro de un conflicto permanente entre la población sedentaria y los grupos nómadas y montañeses. Estos últimos realizaban incursiones militares para apoderarse de los recursos económicos a los que no tendrían acceso de otra manera. Y esto sucedía, según Kupper, por las características de la región: teniendo siempre como horizonte al reino de Mari situado en el Éufrates medio, el historiador belga se interesó por los trabajos etnográficos realizados en los bordes desérticos del Nafud, en la convicción de que condiciones similares existían en tiempos antiguos. Allí las lluvias invernales convierten el suelo semiárido en una verde pradera, al mismo tiempo que llenan de agua las depresiones naturales del terreno. Pero en el verano la estepa vuelve a convertirse en desierto, y los grupos de pastores se ven obligados entonces a realizar un movimiento estacional desde este territorio hacia las tierras cultivadas de Siria y del Éufrates medio.

Pero como los pastores de los estudios etnográficos utilizados por Kupper son camelleros, y se sabe que el camello soporta largas travesías sin el auxilio del agua, Kupper llegó a la conclusión de que los grupos ovejeros de tiempos antiguos eran los más "sumisos a la tiranía del agua",[12] ya que sus

---

[11] Jean Rober Kupper, *Les nomades en Mésopotamie au temps des rois de Mari*, París, Société d'Édition "Les Belles Lettres", 1957.
[12] Jean Robert Kupper, *op. cit.*, p. x.

rebaños se componían sólo de ovejas y cabras y su medio de transporte en las travesías era el asno. Llegados por fin a los campos cultivados por las poblaciones sedentarias, los nómadas entraban inevitablemente en conflicto con los sedentarios por el acceso a las pasturas que suplantaran las perdidas por el ardor del sol en la estepa. Kupper pensó que si el conflicto lógicamente se dirimía con la victoria de uno u otro campo, entonces las condiciones para la existencia y perpetuación del nomadismo dependían en última instancia de la capacidad de resistencia de la sociedad sedentaria.[13] En palabras de Kupper, "la seguridad y la prosperidad económica traen consigo una intensa circulación, que mantiene a distancia a los merodeadores".[14] Desde un punto de vista metodológico, Kupper cometió el error de trasladar la evidencia etnográfica contemporánea al pasado, como si las situaciones sociohistóricas hubiesen permanecido inmutables por cerca de cuatro milenios. Pero sumado a esto, está el problema del contenido de esos estudios etnográficos, preocupados en entender la supervivencia de "formas tan atrasadas de vida". De esta manera tan esquemática, "nómadas" y "sedentarios" cobran valor de entidades étnicas, con diferencias tajantes en lo referente a la cultura material, a sus formas de organización social, etc., con los sedentarios situados bajo la órbita estatal. Pero tal diferenciación se basó en una visión miope de la vida campesina. La descripción de la situación hecha por Kupper tuvo como una de sus principales suposiciones, claro, la negación de la existencia de una complementariedad económica entre agricultura y pastoreo. No surge en ningún

---

[13] Kupper construye una dicotomía social entre los "sedentarios", población a la que considera en un estadio más avanzado de "civilización", y los "nómadas", aspirantes de tiempo completo a participar también, mediante el saqueo, de los beneficios de la vida agrícola. La relación nómada-sedentario parece ser así el conflicto entre dos cuerpos extraños, una recreación del binomio típicamente decimonónico de civilización y barbarie. Por eso es que se entiende que haya concebido el nomadismo como una anomalía permitida por la debilidad coyuntural del régimen de la ciudad-Estado.

[14] Jean Robert Kupper, *op. cit.*, pp. xi-xii.

momento de su análisis algún vestigio de una estructura económica compuesta por las dos formas de producción, en profunda contradicción con lo que se sabe actualmente del mundo rural.[15] De tal manera, a la hora de definir entidades étnicas, "nómadas" y "sedentarios" nunca podrían serlo porque no existen en la realidad. Las actividades agrícolas y las pastorales no se excluyen en un mismo grupo étnico, con base en la vida aldeana, y por tanto, no hay por qué buscar un conflicto abierto entre dos especializaciones productivas que forman parte de una misma forma de producción. Si, como plantea Paul Brass, la primera etapa de construcción de una identidad étnica se produce dentro de un grupo para controlar fuentes materiales y simbólicas, definir sus fronteras y sus requisitos de admisión y exclusión,[16] ese grupo está compuesto por las dos especializaciones económicas, y no al contrario.

En los documentos del Archivo Real de Mari se pueden encontrar numerosos testimonios de la complementariedad económica entre agricultura y pastoreo. Uno de ellos (ARMT II, 48) la ejemplifica muy bien:

> A mi señor dile: Así habla Bahdi-Lim, tu siervo. Desde hace cinco días, en el plazo convenido, espero a los haneos y esa gente no se reúne. Los haneos ya se vinieron de los campamentos y están en sus aldeas. Una vez, dos veces, he enviado mensajes al interior de las aldeas. ¡Los han emplazado! Y no se reúnen. ¡Y hasta tres veces! Y no se reúnen.

[15] Kupper planteaba que los rebaños destruían los sembradíos, que su coexistencia en el mismo sitio con los cultivos cerealeros era imposible. Pero para la antropología contemporánea es inadmisible pensar el pastoreo en gran escala profundamente divorciado de la actividad agrícola. Esto es así porque el pastoreo especializado sólo puede ser factible con el apoyo de los productos materiales que surgen como consecuencia del cultivo de la tierra. Tal realidad conduce a pensar estas poblaciones como emparentadas por un complejo de relaciones económicas, parentales y políticas. Véase Collin Renfrew, *Arqueología y lenguaje*, Barcelona, Crítica, 1991. Por otro lado, es importante recordar que la falsa división tajante entre agricultura y pastoreo ni siquiera es patrimonio de los pensadores del siglo XIX. Al identificar las diferentes formas de producción en la vida humana, Karl Marx nunca hizo tal distinción describiendo la forma "originaria" de producción. Véase, Karl Marx, *Formaciones económicas pre-capitalistas*, México, Siglo XXI Editores.

[16] Véase, Paul Brass, *Ethnic Groups and the State*, Kent, Croom Helm Ltd., 1985.

Se puede apreciar en este pasaje que los pastores, que ya habían vuelto de los campamentos, se encontraban en sus aldeas. Si los funcionarios del Estado no logran reunirlos para dar inicio a alguna campaña militar o alguna obra pública es porque durante el verano, cuando regresaban de la estepa, se cosechaban los campos.

Por otra parte, Kupper se encontraba demasiado influido por la idea tradicional de una historia de Mesopotamia en la cual las sucesivas olas de invasiones de pueblos serían una constante. Así, se veían las oleadas de invasión acadias, amorreas, casitas, arameas, etc., en una sucesión interrumpida por procesos locales de crecimiento urbano y florecimiento de las artes. Cuando Kupper escribió su libro estuvo pensando en una Mesopotamia única, sin variedad regional en las características geográficas y socioeconómicas, atacada por "tribus" nómadas provenientes del desierto sirio. Pero Mesopotamia nunca fue un bloque ecológico homogéneo.

Al parecer, las diferencias entre el norte y el sur de Mesopotamia comienzan a hacerse visibles desde muy temprano. Luego del proceso de urbanización en la baja Mesopotamia durante el cuarto milenio a.C., la cultura de Uruk se expande en distintas direcciones en forma de "colonias" comerciales ubicadas en lugares estratégicos para el acceso a las materias primas, tales como Susiana, puerta de acceso al centro y sur de Irán. En esas colonias se habrían instalado núcleos de población directamente procedentes de la zona de Uruk;[17] pero en otros casos nos encontramos con centros locales que se desarrollan urbanamente al entrar en contacto con la red de relaciones comerciales de Uruk. Éste es el caso de Malatya, en la Anatolia suroriental, que parecería ser un paraje privilegiado en el centro de un nicho ecológico muy rico, con abundancia de agua y proximidad de bosques y pastos.[18] Según Liverani, "el carácter de la cultura material sigue siendo

---

[17] Véase, Mario Liverani, *op. cit.*
[18] Véase, *idem.*

local, pero son muy evidentes las huellas de las visitas Uruk a la zona. Si bien la planta urbanística y las técnicas arquitectónicas son anatólicas, la complejidad y la separación del sector público, de considerable importancia (templo, palacio, puerta fortificada y almacenes), revelan que el modelo urbano ha llegado a Anatolia suroriental".[19] Este proceso de creciente urbanización de Malatya, sin embargo, decae junto con la mayor parte del sistema de colonias comerciales Uruk hacia fines del cuarto milenio a.C., a tal punto que en el registro arqueológico los grandes edificios públicos son remplazados por una planta de aldea de cultura material típicamente local.[20] ¿Qué ocurrió entonces?, ¿tan débil era la urbanización en el norte?

Como ya se dijo, Malatya era un sitio muy rico en recursos naturales, y esos recursos eran utilizados en una agricultura de microirrigación y el pastoreo de ovejas y cabras. Las necesidades básicas estarían cubiertas por estos dos medios, a los cuales habría que sumarles la caza abundante en los bosques; el sistema aldeano habría controlado el acceso a estos recursos. Además, si la base de sustentación para el surgimiento de una ciudad-Estado es un aumento progresivo en la producción agrícola que posibilite alimentar a un grupo alejado del trabajo directo en el campo, dicha alta productividad jamás existió fuera de la llanura aluvial del sur de Mesopotamia. Mientras que los rendimientos de la agricultura de irrigación eran de 1:20, los "pobres" rendimientos de la agricultura de secano eran de sólo 1:5.[21] La chispa para la creación de un centro urbano provino entonces indudablemente de su posición estratégica en la ruta comercial.

El mismo sistema de autoridad política central refleja también las diferencias norte-sur. En Malatya, la iconografía muestra la figura de un "rey" sobre un trineo, sin símbolos religiosos a su alrededor, lo que parece señalar la existencia

---

[19] Mario Liverani, *op. cit.*, p. 132.
[20] Véase, *idem.*
[21] Véase, *idem.*

de un poder laico-militar. Los restos arquitectónicos del sitio subrayan este hecho, pues el templo encontrado es de pequeñas dimensiones y se sitúa adosado al palacio.[22] Me inclinaría a pensar que estas diferencias en la justificación ideológica del poder respecto al sur se explicarían por condiciones diferentes en el proceso de urbanización.

En opinión de Liverani,

> [...] en la llanura mesopotámica la acumulación primitiva de recursos, que hace posible y necesaria la primera urbanización, se basa en una movilización laboral que supera las estructuras gentilicias, y en los productos de la agricultura de regadío. El núcleo sociopolítico asume formas y funciones ideológicas de cohesión a gran escala cuando se produce una fuerte estratificación. Es entonces cuando el templo se convierte en un centro de decisión y un punto de referencia. En cambio, en la periferia, donde no hay necesariamente una acumulacion primitiva y la urbanización (a escala reducida) aparece en las rutas de acceso a los productos naturales, se plantea sobre todo el problema de organizar esa explotación y se instala una clase dirigente local que se basa en la fuerza y la ostentación de las rentas procedentes de las nuevas relaciones comerciales y culturales.[23]

Así, la debilitación progresiva y la final desaparición de la red comercial con el centro en Uruk hacia fines del cuarto milenio le quitó fundamento a la existencia del modelo urbano bajomesopotámico en el norte, hasta que este modelo también desapareció. De manera que se puede pensar a Mesopotamia dividida en dos grandes bloques culturales, el norte y el sur, diferenciados en última instancia por el distinto modo de aprovechamiento de los recursos naturales. En la llanura meridonal el crecimiento político del modelo urbano y su extensión territorial, basada en el sistema de irrigación artificial y en el cultivo de cereales con gran ren-

---

[22] Véase, *idem.*
[23] Véase, *ibid.*, p. 134.

dimiento,[24] provocó el "extrañamiento" de la forma económica pastoril, y los pastores de tiempo completo fueron desapareciendo. En cambio, en el norte, las condiciones ecológicas posibilitaron la conservación de un sistema más variado y complejo. Esta diferencia es la que Kupper no logró ver. Desde un principio, entonces, el modelo urbano bajomesopotámico se adaptó mal a la realidad septentrional, y en realidad el error de Kupper fue pensar la situación de Mari como si fuese Ur durante el periodo de su III dinastía (2100-2000 a.C.), una ciudad-Estado cabecera política de un mundo mucho más homogéneo que el del norte.

A pesar de estas diferencias, la ciudad de Mari, cuyos rasgos culturales y forma de gobierno siguieron el modelo sureño, se insertó en el Éufrates medio y comenzó a lidiar con las comunidades aldeanas que intentaban resistir el avance estatal al modo meridional. Esas comunidades manejaban sus recursos de forma muy distinta, y al contacto con una ciudad-Estado que intentaba barrer con todas las autonomías, reforzaron sus mecanismos de identidad étnica. Entonces, y en lo referente a Siria de la primera mitad del segundo milenio a.C., ¿por dónde debe buscarse la base de sustentación de la construcción de la identidad étnica, si no es en la relación entre entidades que se aferran a diferentes formas de uso de los recursos naturales? En este caso, es la presencia de una ciudad-Estado, ajena al modo norteño de vida, la que intensifica el proceso de formación de la identidad.[25]

---

[24] Según Postgate, la maximización de la producción fue el sello de distinción de la agricultura bajomesopotámica, sobre todo durante el tercer milenio a.C. Y esa particularidad se explicaría por el hecho de que una economía esencialmente campesina estaba siendo transformada por las demandas de las élites urbanas, y por tanto por las condiciones políticas que tendían a la explotación del sector rural, y por el crecimiento de la población. Véase Nicholas Postgate, *op. cit.*

[25] En definitiva, la etnicidad no es primordial, esencial, sino que es resultado de procesos de afirmación de la identidad, pero identidad entendida como conservación de los rasgos culturales históricamente adquiridos, ya sea por vivencias directas sobre el terreno de la vida diaria o por construcción de la tradición por el imaginario social, frente al desafío provocado por la presencia de una entidad extraña que intenta avanzar sobre esa autonomía. Véase, John Comaroff, *Ethnography and the Historical Imagination*, Boulder, Westview Press, 1992.

Para mayor precisión convendría examinar el modo de utilización de los recursos naturales en Siria del norte.

LA REALIDAD ECOLÓGICA Y SOCIOECONÓMICA EN EL NORTE: EL ESTADO ACTUAL DE LOS CONOCIMIENTOS SOBRE LA REGIÓN DE SIRIA DEL NORTE

El área territorial que ocupa nuestro interés ahora está localizada en la parte norte de la actual Siria, y es definida como una estepa herbosa que tiene como vecinos inmediatos el área mediterránea hacia el oeste y el "desierto" sirio (estepa hiperárida) hacia el sudeste. Las regiones áridas y semiáridas tienen la particularidad de ser sumisas a las imposiciones del medio ambiente, de manera que en esta gran estepa herbosa puede pasarse rápidamente de condiciones favorables al sedentarismo a condiciones más duras que imponen una forma de vida basada en la movilidad.[26]

Al sureste de Alepo, sobre la isohieta de los 200 mm de precipitación pluvial anual, se encuentra la "sabana mediterránea". El clima aquí es muy riguroso e inestable: el calor y la sequedad limitan el desarrollo vegetal, y los suelos poco desarrollados son muy sensibles a la erosión eólica. Sin embargo, la evolución del relieve ha provocado una fuerte diferenciación de los medios naturales, incluso en sectores que se encuentran por debajo de los 200 mm, y estos medios ofrecen potencialidades muy diversificadas que pueden ir desde sectores favorecidos que autorizan los asentamientos hasta espacios planos que no ofrecen más que pasturas muy magras.[27] La gran diversificación está también emparentada con la inestabilidad, pues si se comparan las isohietas de un año húmedo con

---

[26] Véase, Bernard Geyer, "Géographie et peuplement des steppes arides de la Syrie du Nord", en Michel Fortin y Olivier Aurenche (ed.), *Espace naturel, espace habité en Syrie du Nord (10ᵉ-2ᵉ millénaires av. J.C.)*, Toronto, The Canadian Society for Mesopotamian Studies, 1998.

[27] Véase, Bernard Geyer, *op. cit.*

las de uno seco tendríamos por resultado que en el primer caso los habitantes de toda la región podrían cultivar las tierras en seco, pero en el segundo, tal posibilidad estaría totalmente excluida. Es cierto que la dotación pluviométrica disminuye paulatinamente de oeste a este, pero la inestabilidad interanual es tanta que es imposible establecer la menor previsión.[28]

En años recientes un equipo conducido por Olivier Aurenche realizó trabajos de campo en la región de Hammam Kébir, sobre la margen derecha del Éufrates, cerca del punto por donde la ruta que une Alepo con la Djezirah cruza el río. La misión observó la existencia de aldeas temporales sobre la ribera misma del río.

Los investigadores realizaron, durante 1993, encuestas orales entre los pobladores. Los resultados son más que sugerentes. Los habitantes de las aldeas de Hammam Saghir y de Hammam Kébir dicen pertenecer a un mismo tronco "tribal", los Beni Assaid, y se consideran agricultores. También dicen provenir del mismo sitio, Djérablous,[29] lo que manifiesta la existencia de las ya conocidas construcciones de un remoto pasado común. Si bien hay grupos separados por sus actividades productivas, los lazos de filiación con la "gran familia" están siempre presentes.[30] En realidad, el grupo en total ocupa catorce aldeas en torno de Haya Kébir, y una fracción de ese grupo se ha instalado en Hammam Kébir, sobre el Éufrates. A partir de este último sitio, esta fracción se extendió sobre la meseta en un "enjambre" de cuatro aldeas: Qabr Imo, Aanzaouiyé, Khirbet Saouda y Joubb el Qader. De estas cuatro aldeas, las dos primeras se encuentran afectadas por el fenómeno denominado "aldea de verano".[31]

---

[28] Véase, *idem.*

[29] Véase, Olivier Aurenche, "Villages d'été, villages d'hiver: un modèle peu connu d'occupation de l'espace dans la vallée de l'Euphrate", en Michel Fortin, y Olivier Aurenche (ed.), *op. cit.*

[30] Véase Rodolfo Stavenhagen, *op. cit.*

[31] Véase, Olivie Aurenche, *op. cit.*

Los habitantes de Qabr Imo y Aanzaouiyé practican, sobre la meseta, en torno de las aldeas permanentes, una agricultura seca "permanente"(cereales y árboles frutales) y, en las orillas del Éufrates, gracias a las bombas de motor que elevan el agua, una agricultura de irrigación "temporal" que permite obtener dos cosechas sucesivas de trigo, maíz, sésamo o algodón. Los dos sitios, el permanente y el temporal, se sitúan sobre el curso de los *uadis*[32] que descienden desde la meseta hacia el río, lo que facilita la comunicación entre los dos territorios. Es interesante que los nombres de las dos aldeas temporales manifiesten su origen: Qabr Imo-Hammam Kébir y Aanzaouiyé-Hammam Kébir, situadas una frente a la otra, en las riberas opuestas de la desembocadura de los *uadis*. Las aldeas temporales sólo son ocupadas durante dos o tres meses (julio/agosto-septiembre/octubre).[33]

Tal situación contemporánea en Siria demuestra que la migración estacional de las unidades familiares entre puntos fijos es la forma mediante la cual el grupo aldeano aprovecha las posibilidades que brinda el medio ambiente. Aquí se trata sólo de agricultores que poseen ganado como recurso complementario, pero las proporciones pueden cambiar según el sitio. En efecto,

el punto más notable de los paisajes de estas márgenes áridas de la Siria del Norte es ciertamente la estrecha imbricación de los medios que la componen. No hay aquí pasaje de una zona favorable a la cerealicultura a otra donde sólo el pastoralismo se pudo desarrollar. Si el ambiente climático árido marca fuertemente con su huella a la región, sus efectos pueden ser, según los contextos locales, disminuidos, compensados o acentuados.[34]

---

[32] Los *uadis* son corrientes de agua que bajan desde las tierras altas hacia los cauces de los ríos.

[33] Véase, Olivie Aurenche, *op. cit.*

[34] Bernard Geyer, *op. cit.*, p. 8.

El aprovechamiento de los recursos existentes mediante aldeas especializadas parece haber sido también un rasgo importantísimo de la región de Siria del norte durante la Edad de Bronce. En 1988 Frank Hole y un equipo de la Universidad de Yale realizó una exploración en la zona media del río Khabur,[35] con el objetivo de encontrar restos arqueológicos de los antiguos asentamientos "nómadas". Hole creyó que el mejor sitio para encontrar dichos asentamientos era la periferia de la región dominada por los cultivos de secano, lejos de las tierras con irrigación artificial. Los resultados le dieron la razón: el equipo encontró cerca de cien asentamientos de naturaleza insustancial y con rasgos evidentes de haber sido ocupados en cortos plazos de tiempo.[36]

El guía de la expedición, un hombre llamado Abu Hamad, comentó a Hole que cuando él era niño los pastores pasaban los inviernos a lo largo del Khabur, donde encontraban agua, combustible y granos almacenados. La gente vivía en torno de los *tells* existentes, y las familias que no poseían tiendas hacían cuevas en los alrededores de los sitios y vivían en ellas durante los meses más fríos. Cuando se acercaba la primavera y había pastos frescos y disposición de agua en la estepa, los grupos de pastores se movían y acampaban cerca de los *uadis* y de los lagos estacionales. Si los años eran húmedos podían moverse a considerables distancias del río, pero cuando llegaba el verano el territorio utilizable menguaba tanto que los pastores debían restringirse a

[35] El Khabur medio es un tramo del río que se encuentra al sur de la confluencia de arroyos de la zona del Hasseke. El medio ambiente moderno va desde una alta precipitación anual en el norte (más de 500 mm) y extensas tierras de labranos con una agricultura de secano altamente productiva, hasta los suelos menos productivos del valle meridional del Khabur. Ya al sur del Hasseke, con precipitación anual de menos de 250 mm por año y alta variabilidad interanual, se depende de la irrigación artificial en el valle del río. Véase, Joy Mc Corriston, "Landscape and human-environment interaction in the Middle Habur drainage from the Neolithic period to the Bronze Age", en Michel Fortin, y Olivier Aurenche, *op. cit.*

[36] Véase, Frank Hole, "Middle Khabur Settlement and Agriculture in the Ninevite 5 Period", en *The Canadian Society for Mesopotamian Studies*, boletín, núm. 21, Toronto, 1991.

las tierras alcanzables en un día de caminata desde el río.[37] Y así parecen haberse movido estos grupos de pastores de tiempo completo durante la Edad de Bronce.

Las inspecciones arqueológicas a lo largo del Khabur y en la estepa adyacente indican presencia humana desde el sexto milenio a.C., y los sitios prehistóricos sugieren ocupaciones efímeras cercanas a los arroyos y fuentes estacionales de agua en la estepa. En Umm Qseir (5800-5200 a.C.) los habitantes parecen haber trabajado los suelos aluviales disponibles, donde la humedad suplementaria de la inundación y la alta retención de la humedad por los suelos era la mejor garantía para los cultivos. Los pobladores de Umm Qseir mantuvieron una base agrícola amplia, con el cultivo de legumbres, trigo y cebada, diversidad que en parte habría minimizado el riesgo en un medio ambiente impredecible. No se encuentran desechos de cebada trillada, lo cual podría indicar que ésta no era utilizada como alimento para el ganado, y por tanto que los pobladores no confiaban en el combustible de estiércol.[38] Pero poco a poco la situación va cambiando; hay evidentes cambios en las actividades, relacionados con el uso de las posibilidades del medio ambiente.

En Ziyade (3800 a.C.) la estepa parece haber sido utilizada más ampliamente, como terrenos de pasto para el ganado e indirectamente como fuente de combustible de origen animal. Desde el cuarto milenio en adelante las estepas del norte de Siria parecerían haberse convertido en un atractivo recurso interregional, cuando la lana de oveja comenzó a suplantar a la fibra de lino como materia prima textil.[39]

En una evolución lineal ascendente, en el temprano tercer milenio a.C., el sitio de Raqa'i (2700-2600 a.C.) parece haber sido un foco de cultivo de cebada, con una representación mucho menor que en los casos precedentes de trigo y

---

[37] Véase, Frank Hole, *op. cit.*
[38] Véase, *idem.*
[39] Véase, *idem.*

de desechos del trigo trillado. Tal información indica que los animales estaban siendo alimentados con los productos de la cebada, pero más aún: que los animales estaban pastoreando parte del año en la estepa y parte del año en los campos de rastrojos de los cultivos de secano. Aquí los desechos de la cebada trillada sirvieron como valioso forraje cuando el ganado estaba concentrado en el río Khabur.

Del conjunto de esta rica información arqueológica surge la evidencia de una compleja estructura de producción y asentamiento aldeano en Siria del norte, estructura que estuvo estrechamente relacionada con el proceso de afirmación étnica de los grupos agricultores-pastores que se enfrentaron a la ciudad-Estado de Mari. La relación está dada por la defensa que hicieron estos grupos de su complejo sistema de vida, ante la pretensión estatal de sojuzgarlos mediante el sistema de prestación forzosa de trabajo, como había ocurrido en el sur. La estructura de uso de los recursos en el norte de Siria es la única posible en un medio ambiente difícil, lo que comprueba que "los grupos étnicos también están marcados por la perspectiva de ecología natural, pues las actividades caracterizan al grupo".[40]

CONCLUSIONES

En determinados casos no puede olvidarse los contextos ecológico y socioeconómico como factores explicativos, a riesgo de cometer grandes errores al querer describir una situación histórica particular. Este olvido es evidente en muchos trabajos de antropólogos sobre la "cuestión étnica", que en realidad tiene más antigüedad de lo que frecuentemente se postula. Kupper, a quien no se le puede endilgar el error de haberse separado de la base geográfica y económica, no logró dis-

---

[40] Frederik Barth, *Los grupos étnicos y sus fronteras*, México, Fondo de Cultura Económica, 1976, p. 23.

cernir dos espacios muy diferentes dentro de Mesopotamia, el norte y el sur, diferencias que trajeron consigo procesos políticos distintos, y así el caso de la relación entre los grupos aldeanos políticamente organizados y el Estado de Mari se convirtió en el conflicto entre "nómadas" y "sedentarios", como si fueran dos etnias distintas. La información arqueológica proveniente de Siria del norte brinda detalles muy interesantes: los de un mundo muy peculiar inexistente en el sur, donde la complejidad de situaciones socioeconómicas se debe a la puesta en escena de diversas estrategias de aprovechamiento de los recursos naturales. El medio ambiente así lo exigía. De esta complejidad se desprende una evolución lineal hacia el pastoreo especializado con grupos de pastores de tiempo completo, pero sin abandonar nunca los cultivos. Con estas complejidades se enfrentó la ciudad-Estado de Mari durante la primera mitad del segundo milenio a.C., y de este enfrentamiento surgió la posibilidad de afirmación de la identidad étnica, como defensa de un tipo de uso de los recursos que se habría percibido como históricamente compartido.

AINU MOSHIRI
EL PARAÍSO ARREBATADO

YOLANDA MUÑOZ

No hay otros paraísos
que los paraísos perdidos.

JORGE LUIS BORGES

Al entrar en contacto con el discurso de resistencia de los activistas ainu, sobre todo a partir de la década de los años sesenta y setenta, es común encontrar alusiones al *Ainu Moshiri*, que generalmente se traduce al japonés como *ningen ga shizuka na daichi*, es decir, la tranquila tierra donde los seres humanos (*ainu*) viven en paz. Estos hombres y mujeres invocan al *Ainu Moshiri* como el territorio de la nación *ainu*, y elaboran gran parte de su identidad alrededor de este paisaje que, más que un lugar definido, representa la aspiración a la armonía y a la equidad social, gracias a la recuperación de los valores y las prácticas ancestrales propias de los *ainu*. Es un espacio y un tiempo donde era posible ser orgullosa y libremente *ainu*; es el hogar arrebatado, cuya memoria se construye en la nostalgia por lo no vivido.

Y es que el pueblo *ainu*, lo mismo que otras sociedades poscoloniales, como los nativos americanos y los aborígenes australianos, por citar sólo dos ejemplos, se encuentran envueltas en una especie de nostalgia por el hogar perdido, ese mundo ideal que les fue arrancado a través del proceso colonialista. Pero, parafraseando a Aamir Mufti y Ella Shohat, ¿qué es el hogar?, ¿un lugar o un ideal?

[...] porque en el contexto de una estricta supervisión fronteriza y severos controles de pasaportes, la pertenencia no puede adscribirse simplemente dentro del espacio material o de las paredes y techos, o en topografías cercadas y bien dibujados mapas [...] Nación, comunidad, raza, clase, religión, género, sexualidad –cada término nombra un sitio para la promulgación del gran drama de los orígenes, la lealtad, la traición; en pocas palabras, de la identidad y la identificación.[1]

El *Ainu Moshiri* es uno de estos territorios de cartografías difusas que sería imposible ubicar en un mapa con divisiones políticas. Geográficamente comprendería el actual Hokkaido, las islas Kuriles y Sakhalin, una región que desde tiempos imprecisos habitaban los ancestros de los actuales *ainu*. Ideológicamente, el término *Ainu Moshiri* se popularizó entre los activistas *ainu* a partir de los años sesenta y setenta, y hace referencia no sólo a un lugar específico, sino también a un tiempo perfecto, en que los hombres convivían armónicamente unos con otros, y con los dioses *(Kamui)* que se manifestaban en el mundo de los humanos a través de los animales, los ríos y las plantas. Este periodo de paz, sin embargo, terminó con la invasión de los *wajin*[2] y la imposición de modelos culturales y económicos acordes con los intereses de los colonizadores. El *Ainu Moshiri* es el territorio que admite todo tipo de imágenes positivas alrededor de la etnicidad *ainu*, en respuesta a siglos de formulación de todo ti-

---

[1] Mufti con Shohat, "Introduction" en McClintock, Anne, Mufti, Aamir y Shohat, Ella (ed.), *Dangerous Liaisons. Gender, Nation & Postcolonial Perspectives.* University of Minessota Press, Minneapolis, 1997, pp. 1-2.

[2] El término *wajin* se utilizaba en las épocas previas a la Renovación Meiji para distinguir al pueblo *ainu* de la gente que venía de Honshu. "En el siglo xx, el término *wajin* casi no se usaba en el discurso japonés, pero se siguió utilizando para distinguir a la mayoría étnica japonesa de los *ainu*. A partir del periodo Meiji, el Estado también utilizó la palabra *naichijin* (literalmente 'gente del interior') para identificar a los pobladores de la metrópolis japonesa como distintos de los súbditos de las colonias. Este término también fue utilizado en ocasiones dentro del discurso oficial para diferenciar a la mayoría japonesa de los *ainu*." T. Morris-Suzuki "Tashasei e no Michi (2) – Nijuu Seiki Nihon ni Okeru *Ainu* to Aidentiti Poritikus." ("El camino hacia la otredad: los *ainu* y las políticas de identidad en el Japón del siglo xx"), en *Misuzu*, núm. 443, febrero de 1998.

po de estereotipos negativos sobre el pueblo *ainu* como "raza" *(jinshu)* inferior, justificando así los esquemas de dominación colonial que comenzaron antes de la anexión formal del territorio en 1868.

CRÓNICAS DESDE *EZO*: LA OTRA HISTORIA DEL *AINU MOSHIRI*

La primera mención que se hace del *Ainu Moshiri* en un recuento escrito corresponde a las crónicas de viaje de Ignacio Morera da Virigue, quien estaba dentro de la comitiva de Valignano cuando éste fue recibido por Hideyoshi en 1591. En ese entonces, casualmente estaba presente en la corte de Taiko un hombre que dijo ser proveniente de *Ainomoxori,* al tiempo que hacía alusión a la isla de "Rebincur", en referencia a *Rep-un-kur* que significa "gente del mar" —es decir, a los *ainu* del actual Sakhalin.[3] Curiosamente, ésta es la única mención que se hace del *Ainu Moshiri* en algún recuento escrito previo a la incursión de los hombres y mujeres *ainu* en el quehacer literario, alrededor de 400 años después. Esto no significa que la región esté ausente de toda crónica, sino que todos los documentos históricos se refieren a este territorio como *Ezo* o *Ezochi,* que literalmente quiere decir "la tierra de los bárbaros del este". El *Ainu Moshiri* como discurso contrahegemónico, no puede comprenderse sin antes hacer una revisión de la historia de *Ezo,* que en sí misma contiene los gérmenes conceptuales que más tarde darían legitimidad a la implantación de estructuras sociales opresivas basadas en la filiación étnica, dentro de un esquema colonial importado de la escuela imperialista europea.

En principio, cabe señalar que el término "bárbaro" no era una denominación que se utilizara exclusivamente para

---

[3] Joseph Kreiner, "European Images of the Ainu and Ainu Studies in Europe", en Joseph Kreiner (ed.), *European Studies on Ainu Language and Culture.* German Institute of Japanese Studies Monograph, núm. 6. München: Indicium Verlag, 1993, p. 16.

nombrar al pueblo *ainu*. En las primeras crónicas de Japón, el *Nihonshoki* (720 d.C.) y el *Kojiki* (712 d.C.), es posible encontrar gran número de referencias a los pueblos bárbaros con la denominación de *emishi* o *yemishi*. *Ezo* es una pronunciación diferente de los caracteres de la palabra *emishi* que, según el *Iroka Jirui Shoo*, primer diccionario japonés, definía a todas aquellas personas que no eran parte de la gente de Yamato.[4] Las crónicas antiguas de Japón mencionan la presencia de grupos rebeldes llamados *emishi* o *ebisu*, que paulatinamente fueron relacionándose con la autoridad del gobierno de Yamato, mediante un sistema tributario. Éste consistía en la extensión de la esfera de influencia del *tennoo* o emperador-emperatriz, quien "marcaba en cada región un territorio bajo su dominio directo, y obsequiaba objetos de bronce, símbolos de su poder, a los jefes locales que reconocieran la autoridad central".[5] Los jefes locales que establecían una relación tributaria con el poder de Yamato recibían el nombre de *fushuu*, mientras que el término *emishi* o *ebisu* denominaba a todos aquellos que se rehusaban a recibir y ofrendar tributos en señal de sumisión.[6]

En términos generales, las descripciones que se hacen de los *emishi* los muestran como criaturas pertenecientes a un estado liminal entre los humanos y las bestias. En el *Nihonshoki*, en la crónica correspondiente al emperador Keikoo

---

[4] S. Takakura, "The Ainu of Northern Japan. A Study in Conquest and Acculturation" (traducido y anotado por John A. Harrison). En *Transactions of the American Philosophical Society*, 50, Philadelphia, 1960, p. 8.

[5] Tanaka, M. "De los orígenes a la caída del shogunato Tokugawa", en Toledo, D. *et al., Japón: su tierra e historia*. El Colegio de México, México, 1991, p. 72.

[6] Sin embargo, es preciso subrayar que el término "bárbaro" se incorpora a la cultura de Yamato en un contexto más amplio de relaciones tributarias con China. Las crónicas de estos primeros contactos pueden encontrarse en las historias oficiales sobre las dinastías que gobernaron el imperio chino de manera sucesiva. El reino de Wa o Yamato, ubicado en el actual Honshu, era uno de estos reinos "bárbaros" que ofrecían sus tributos, con el fin de obtener el reconocimiento de su autoridad como jefes locales. Véase PAN KU, *Han Shu* Chung-hua Shu-chŭ, vol. 28 B Pekín, 1964, p. 1658, citado por varios, *Cambridge History of Japan, The Cambridge History of Japan*, vol. I. Cambridge University Press, Nueva York, 1991, p. 275.

(71-73 d.C.), se describe a los *emishi* de la región este de Yamato como

> [los pueblos] más poderosos; sus hombres y mujeres viven juntos promiscuamente, no hay distinciones entre padre e hijo. En invierno viven en hoyos y en verano en nidos. Su ropa consiste en pieles y beben sangre [...] cuando suben a las montañas son como pájaros que vuelan; cuando van por el prado son como veloces cuadrúpedos [...] desde la antigüedad no han estado bajo las influencias civilizadoras del rey.[7]

Según registra el *Sandai Jitsuroku (Registro auténtico de los reinos de tres emperadores),*[8] los *emishi* de los territorios del norte ofrecieron grandes batallas contra la expansión de la gente de Yamato en 789 y 875, momento en que las familias Abe y Kiyohara impusieron su autoridad en la región de Oou, de Toohoku. En el siglo VIII se estableció la frontera entre Ezo y Honshu, al tiempo que se realizaba una distinción más clara entre sus pobladores: los habitantes del actual Hokkaido, así como los *koshi no emishi*, fueron identificados como *ezo* o *kai*, mientras que los grupos que permanecieron en Honshu se denominaron *emishi*.[9] A partir de ese momento,

> la ambigüedad inherente del término *emishi* se desvaneció para ser reemplazado por el de *ezo,* que claramente se refería a los habitantes "extranjeros" de las islas que estaban cruzando el Estrecho de Tsugaru, las islas de Ezoga[chi]ma. Aunque los *ezo* diferían tanto cultural como lingüísticamente de los *emishi,* las connotaciones de barbarismo inherentes en el término continuaron intactas. Además de ser denominados como *ezo,* los habitantes de esta región también eran conocidos como

---

[7] *Nihongi: Chronicles of Japan from the Earliest Times to A. D. 697* (traducción del japonés por G. W. Aston, George Allen & Unwin, Ltd., Londres, 1956), p. 203.

[8] *Shoku Nihongi (Crónicas posteriores de Japón)* Crónica de la emperatriz Genshô. *Sandai Jitsuroku (Registro auténtico de los reinos de tres emperadores)* 27, sección de noviembre de 875, durante el reinado de Yôzei. Citados por Takakura, "The Ainu of the Northern Japan", *ibid.,* p. 10.

[9] Katherina, K. Sjöberg, *The Return of the ainu. Cultural Mobilization and the Practice of Ethnicity in Japan.* Harwôd Academic Press, Suiza, 1993, p. 98.

ijin o *iteki,* escrito incorporando la lectura china del segundo caracter de *Ezo* (I, bárbaro).[10]

A partir del siglo XII se formalizaron los intercambios comerciales entre los *ainu* y los *wajin*. El pueblo *ainu*, como expertos cazadores y pescadores, intercambiaba pieles y pescado por arroz, licor *(sake)* y productos laqueados. En ocasiones los *ainu* vendían a los *wajin* vestidos brocados provenientes de sus contactos con los pobladores de la cuenca del río Amur. Durante ese periodo, continuaron elaborándose nuevas y fabulosas descripciones sobre estas remotas regiones. Ya en 1365 los habitantes de *Ezo* son descritos en el *Suwa Daimyoojin Ekotoba* (*Recuento pictórico de la gran deidad de Suwa*) como bárbaros a los que puede clasificarse en tres categorías: la primera, como extranjeros con apariencia de demonios; la segunda, grupo como seres que tienen el hábito de comer carne, y la tercera, como individuos que no conocen los cinco tipos de granos y tienen una extraña lengua. En todo momento se hace énfasis en la profusa vellosidad en todo el cuerpo, así como en la fiereza de su aspecto.[11]

Las imágenes de la gente de *Ezo* como criaturas intermedias entre lo humano y lo animal[12] continuaron siendo parte de la imaginación de muchos *wajin*. En 1658, el célebre dramaturgo Chikamatsu Monzaemon describió de la siguiente manera a *Ezo* en su obra *Kenjoo no Tenarai*:

> Esta llamada isla de *Ezo* se localiza a más de mil *ri* de distancia. Quien nace en esta isla posee un gran poder natural. El cabello

---

[10] R. Siddle. *Race, Resistance and the Ainu of Japan.* Routledge, Londres, 1993, p. 29.

[11] Kaiho Mineo, *Shijoo to Wataru Hokkaidoo no Rekishi (La historia de Hokkaido narrada por sus registros históricos),* Hokkaidoo Shuppan Kaikaku Sentaa, Sapporo, 1985, p. 24. Citado por Siddle, R. *Race, Resistance..., op. cit.*, p. 30.

[12] Curiosamente, el concepto "bárbaro" que el pueblo wajin había adoptado de China, tuvo un desarrollo muy similar al europeo. Para un estudio sobre la imagen europea del "salvaje" véase R. Bartra, *El salvaje en el espejo,* Coordinación de Difusión Cultural de la Universidad Nacional Autónoma de México. Era, México, 1992.

crece hacia arriba y la luz de los ojos es como el sol dorado de la mañana. Su grito furioso asusta a los animales. Cazan y comen animales de las montañas y los campos, así como pescado. Dan rienda suelta a los vinos finos y a las mujeres hermosas, y viven lujuriosamente. Es un país extraño, sin ley, de hábitos disolutos.[13]

Para ese momento, la presencia *wajin* se había fortalecido en el sur de Hokkaido, gracias a la formalización de la existencia del *Matsumae han* en 1516, que monopolizaría el comercio en la región mediante la implantación de puestos de comercio conocidos como *basho* o *akinaiba*. Al parecer, engañar a los comerciantes *ainu* durante las transacciones comerciales era una práctica común, ya sea distrayéndolos durante el proceso de contar las mercancías, o bien, sacando provecho de la práctica *ainu* de contar doce en lugar de diez, de manera que los comerciantes *wajin* obtenían 20% más de mercancías por el mismo precio.[14] De esta manera, la imagen del bárbaro como un ser temible paulatinamente cedió paso a la imagen del bárbaro como una criatura de inteligencia limitada, ingenua y fácil de engañar.[15] Aunque

[13] Chikamatsu Monzaemon, "Kenjoo no Tenarai" (El aprendizaje de la modestia) en *Nihon Meicho Zenshu (Biblioteca de Literatura Japonesa Famosa)*, vol. 4. Citado por Takakura en *The Ainu of Northern Japan, ibid.*, pp. 49-50.

[14] Aún en nuestros días es común encontrar en varios textos el mito de que los *ainu* carecían de un sistema para contar, algo que —como atinadamente apunta Hiroshi Tabata— es sumamente improbable, considerando que era un pueblo con una importante tradición como comerciantes. Según se ha documentado, el pueblo *ainu* utilizaba un sistema vigesimal para contar. Sin embargo, no son pocos los relatos de viajeros que dan cuenta de cómo los *ainu* eran engañados en el momento de las transacciones comerciales cuando comenzaban a contar de la siguiente forma: "inicio, uno, dos, tres..., ocho, nueve, diez, fin", de tal suerte que contaban doce en lugar de diez. Así, los comeciantes *wajin* obtenían 20% más de mercancías por el mismo precio. Para una revisión más amplia del tema, véase Hiroshi Tabata, "Some Historical Aspects of Ainu-Japanese Relations: Treachery, Assimilation and the Myth of Ainu Counting", en N. Loos y T. Osanai, *Indigenous Minorities and Education. Australian and Japanese Perspectives of their Indigenous Peoples, the Ainu, Aborigines and Torres Strait Islanders*. Sanyusha Co. Ltd., Tokio, 1993, pp. 32-39.

[15] De hecho ya en las crónicas de la zona se menciona que durante los primeros conflictos con los *ainu* se recurría a la técnica del *damashi uchi*, que consistía en invitar a cenar a los enemigos y, una vez alcanzada la cordialidad en el ambiente, se desenvainaban las espadas y se les asesinaba a todos. Véase *Shiragi no Kiroku (Crónica*

seguían siendo considerados como una especie intermedia entre los hombres y los animales, dejó de pensarse en ellos como bestias imponentes, y comenzaron a hacerse alusiones al pueblo *ainu* como perros, inventando o recurriendo a un mito primordial en el que un perro era considerado el ancestro común de todos los *ainu*, después de haber copulado con una diosa. [16] La creación de este mito fue atribuida a los *ainu*, pero Mogami Tokunai considera que fue una invención del *Matsumae han*, difundida "para mostrar que los *ainu* son una clase diferente de humanos".[17] Aunque no es posible saber a ciencia cierta el origen de esta leyenda, menospreciar a los *ainu* por ser descendientes de un perro se volvió práctica común entre los *wajin* a partir de ese momento. En la crónica epistolar de su viaje por *Ezo*, a finales del siglo XIX, Isabella Bird menciona que su sirviente *wajin*, Ito, estaba muy disgustado por el interés de la viajera inglesa hacia los *ainu*. "Son sólo perros", decía despectivamente, "refiriéndose a su origen legendario, del que no se sienten avergonzados".[18] Este tipo de agresiones todavía era frecuente en los años cincuenta y sesenta del siglo XX, según narran los testimonios de algunos hombres y mujeres *ainu*.[19]

de Shiragi), citada por Uemura, H. *Kita no kai no kôekishatachi. Ainu Minzoku no shakai keisaishi (Los comerciantes del Mar del Norte. Historia socioeconómica del pueblo ainu)*. Doobunkan, Tokio, 1990, pp. 60-61.

[16] C. Etter, *Ainu Folklore*. Wilcox and Follet, Toronto, 1949, pp. 26-27.

[17] Mogami Tokunai. "*Watarishima Hikki (Notas sobre Watarishima)* 1808", en S. Takakura (ed.), *Nihon Shomin Seikatsu Shiryoo Shuusei*, vol. 4: *Hoppoo Hen (Colección de materiales históricos sobre la vida de la gente común en Japón*. vol. 4: *Las regiones del norte)*, p. 523, citado por Siddle, *Race, Resistance...*, *op. cit.*, p. 44.

[18] I. Bird, *Unbeaten Tracks in Japan. An account on Travels in the Interior Including Visits to the Aborigines of Yezo and the Shrine of Nikko*, Charles L. Tuttle Co. Tokyo, 1986, pp. 249-250 (primera edición, 1880, Putnam's Sons, Nueva York, 1880).

[19] Véase el testimonio de la bordadora Chikkap Mieko, nacida en Kushiro, Hokkaido, en 1948: "Cuando nos ven en el camino, la gente grita *Ah, Inu Kita* [una frase que se traduce como "Ah, ahí viene un perro", pero fonéticamente no tiene ninguna diferencia con la frase *Ainu Kita*, que significa "viene un ainu" (N. del T.)] haciendo alusión al hecho de que somos un pueblo caracterizado por tener mucho vello, y jugando con el nombre de nuestro pueblo. Cualquiera que haya nacido siendo *ainu* conoce esta situación. Ante esto, nosotros no podemos protestar, porque los japoneses lo asumen como un juego y debemos aguantar con el coraje hirviendo en nuestra sangre. M. Chikkap. *Kaze no Megumi –Ainu Minzoku no Bunka*

Estas imágenes sobre el pueblo *ainu* influyeron enormemente en el tono de las políticas gubernamentales hacia la zona a partir de la época del Bakufu, en tanto que constituían el punto de referencia para los asesores del Shoogun. Las descripciones de los viajeros del siglo xviii, como apunta Richard Siddle, no diferían mucho de las que podían encontrarse en el *Nihonshoki*, escrito mil años antes: "Ellos no conocen el camino de la moral, así que los padres y los hijos se casan indiscriminadamente. No tienen las cinco clases de granos y comen la carne de aves, bestias y pescados. Galopan sobre las colinas y se sumergen en el océano, y son sólo como una especie de bestias".[20]

Kushiwara Masamine, por su parte, consideró que a todas luces se trataba de un "pueblo salvaje", dado que sus mujeres usaban tatuajes alrededor de la boca y sobre el dorso de las manos, los hombres no se ataban el cabello y no tenían un sistema aritmético, un calendario, o una forma de escritura. Asimismo, se insistía en su profusa vellosidad, llegando a aseverar que "La mayor parte de su cuerpo es velludo, y sus cejas forman una sola línea; incluso algunos desarrollan cabello en el cuerpo como los osos".[21]

Ante estas imágenes, los intelectuales encargados de asesorar al gobierno del Bakufu urgieron al Shoogun la implantación de un plan orientado a "civilizar a los bárbaros", es decir, un proyecto para "convertir en wajin" a los *ainu*. El razonamiento era que al llevar los beneficios de la civilización a la gente de *Ezo*, ganarían su lealtad: "ayudando a los nativos y dándoles todo lo que desean, se inspirará en ellos un

---

to *Jinken* (*Los dones del viento –la cultura del pueblo ainu y derechos humanos*) Ochanomizu, Tokio, 1991, p. 15.

[20] Matsumiya Kanzan, "Ezo Dan Hikki" (Narrativas de Ezo) (1710), en S. Takakura (ed.), *Nihon Shomin Seikatsu Shiryoo Shuusei*, vol. 4, *op. cit.*, p. 394. Citado por R. Siddle, *Race, Resistance and the Ainu of Japan...*, *op. cit.*, p. 42.

[21] Kushiwara Masamine, "Igen Zokuwa" (Historias de las costumbres de Ezo) (1792), en S. Takakura (ed.), *Nihon Shomin Seikatsu Shiryoo Shuusei*, vol. 4, *op. cit.*, pp. 488-489. Citado por R. Siddle, *Race, Resistance...*, *ibid.*, p. 42.

sentimiento de afecto y obediencia, como el amor de los niños por sus padres".[22]

EL PROYECTO HOMOGENEIZADOR DE LA NACIÓN JAPONESA

La Renovación Meiji fue un periodo de complejas transformaciones, entre las que destaca la definición de las fronteras territoriales e ideológicas de Japón como nación-Estado. La oligarquía que había llegado al poder estaba consciente de la posibilidad de una invasión extranjera, y optó por fortalecer su presencia en las regiones periféricas a Honshu, la isla principal, con el fin de extender su área de influencia e incorporarse al escenario internacional como potencia colonialista y no como colonia. El estilo colonialista japonés estaba claramente inspirado en Francia e Inglaterra,[23] y Benedict Anderson sostiene que el proceso de formación del nacionalismo oficial japonés también es equiparable al proceso puesto en marcha por la Rusia zarista.[24] Al igual que en otros casos de formulación de un "nacionalismo oficial",[25] se buscó lograr la unificación de los territorios colonizados a partir de una serie de políticas de asimilación (*dooka seisaku*) cuyo objetivo era ampliar las fronteras lingüísticas y culturales a través de la difusión del japonés como idioma nacional (*kokugo*) y del adoctrinamiento de un sentido de lealtad (*chuuseikan*) hacia el *tennoo*. En otras palabras se trataba de una

---

[22] Honda Toshiaki (1774-1821), citado por Kaiho Mineo, *Kinsei no Hokkaido* (*Hokkaido Premoderno*). Tokio: Kyookusha, 1979, pp. 121-122. Citado por R. Siddle, *Race, Resistance...*, *op. cit.*, p. 40.

[23] Sobre esta discusión véase E. Oguma, *"Nihonjin" no kyookai (Las fronteras de "el japonés")*. Shinyoosha, Tokio, 1998.

[24] B. Anderson. *Imagined Communities: Reflections on the Origin and Spread of Nationalism*, edición revisada, Verso, Londres, 1991, pp. 94-99.

[25] Para definir "nacionalismo oficial" retomo las reflexiones de B. Anderson al respecto: "una estrategia anticipatoria adoptada por los grupos dominantes que se ven amenazados por la marginalización o exclusión de una naciente comunidad imaginada-nacional". B. Anderson, *Imagined Communities*, *op. cit.*, p. 101. Sobre "nacionalismo oficial" en Japón y para una crítica de las ideas de Anderson al respecto, véase E. Oguma *'Nihonjin' no Kyookai*, *op. cit.*, pp. 640-645.

política para convertir a los pobladores originales de las colonias en súbditos *(koominka seisaku)*.[26]

En aras de lograr este objetivo, se promulgó la Ley de Protección de los Antiguos Aborígenes de Hokkaido *(Hokkaido Kyuudojin Hoogoho)* en 1899. Esta ley restringía los derechos de propiedad de la tierra a 5 ha por familia, y las parcelas asignadas serían inalienables. Asimismo, en ella se establecían las bases legales para poner en práctica la política de asimiliación a partir de la educación en escuelas especiales. Esta política estaba orientada por los añejos estereotipos negativos sobre los ainu que ahora, a la luz de la racionalidad científica, adquirían el valor de verdades universales. El interés de las autoridades de la Renovación Meiji se extendía a todas las esferas del conocimiento anglosajón y francés, y la práctica antropológica no fue la excepción. Influidos por las ideas darwinianas acerca de la "supervivencia del más apto", los antropólogos *wajin* dedujeron que el pueblo *ainu*, siendo "innatamente inferior", estaba condenado a desaparecer como parte del proceso inevitable de selección natural de las especies. De hecho, la idea de que el pueblo *ainu* estaba en franco proceso de extinción *(horobiyuku minzoku)* estaba tan difundida que, en 1893, Katoo Masanosuke expresó su opinión contra la aprobación de la Ley de Protección, arguyendo "la supervivencia del más apto es una característica natural del mundo. La raza *ainu (ainu jinshu)* es una raza inferior, mientras que nuestra raza japonesa *(naichi jinshu)* es una raza superior. La raza superior dice que la raza inferior *ainu* desaparecerá naturalmente […] y no hay necesidad de protegerla".[27]

---

[26] T. Ishida. "'Dooka' Seisaku to kizurareta kannen toshite no 'Nihon'" (Política de "Asimilación" y "Japón" como concepto mancillado –Primera parte), en *Shisoo (Pensamiento)* núm. 892. Iwanami Shoten, octubre de 1998, p. 48.

[27] Primera lectura de la Ley de Protección de los Antiguos Aborígenes de Hokkaidoo, Cámara de Representantes, 29 de noviembre de 1893. Citado por R. Siddle, "The Ainu and the Discourse of 'Race'", en F. Diköter (ed.), *The Construction of Racial Identities in China and Japan: Historical and Contemporary Perspectives*, Hurst & Co., Londres, 1997, p. 145.

La adopción de la lengua y las costumbres japonesas se consideraba una manifestación concreta de lealtad, de manera que el proyecto de asimilación y colonización resultaban perfectamente coherentes. Pero, sobre todo, se ofrecía la recompensa de tener el privilegio de ser japonés y, por ende, de obtener derechos como ciudadanos y ciudadanas japoneses.[28] Así, muchos hombres *ainu* se enlistaron como miembros de las fuerzas armadas imperiales, con la esperanza de obtener reconocimiento social. Muchos niños y niñas *ainu* acudieron a las escuelas especiales que se habían instalado a partir de la promulgación de la Ley de Protección, y ahí se les inculcaron ideas sobre la inferioridad de su pueblo, buscando sustituir el orgullo de ser *ainu* por el orgullo de ser súbditos del *tennoo*. Sin embargo, conforme avanzó el proceso modernizador (colonizador) en la zona, muchos hombres y mujeres *ainu* se dieron cuenta de que la promesa de mejor calidad de vida a cambio de la adquisición de la cultura *wajin* estaba lejos de cumplirse. En el ejército, la mayoría de los hombres *ainu* era discriminado,[29] y las deficiencias en el sistema educativo sólo les permitían incorporarse al mercado laboral como mano de obra no calificada en las prósperas industrias coloniales de explotación de recursos mineros, forestales y pesqueros, o bien, en la construcción de caminos, puentes y ferrocarriles. La discriminación y el acento en la "insignificancia" de los *ainu* también provocó que los sentimientos de inferioridad y el alcoholismo hicieran presa de ellos, lo cual reforzó el estereotipo creado por los *wajin* y sus prejuicios hacia los *ainu*.[30]

Parafraseando a Nairn, "el progreso en lo abstracto era dominación en lo concreto".[31] Algunos hombres y mujeres

[28] E. Oguma, *'Nihonjin' no Kyookai, op. cit.*, p. 630.
[29] Para un análisis sobre el papel que desempeñaron los *ainu* en el ejército, véase T. Ishida "'Dooka' Seisaku to kizurareta kannen toshite no 'Nihon'", *op. cit.*
[30] Y. Baba. "A Study of Minority-Majority Relations: The Ainu and Japanese in Hokkaido", The Japan Interpreter, 1, pp. 60-92, 1980.
[31] T. Nairn, "The Modern Janus" *New Left Review*, 94, pp. 3-29, 1975. Citado por S. B. C. Devalle, *Discourses of Ethnicity. Culture & Protest in Jharkhand*, Sage Publications. Nueva Dehli-Newbury Park-Londres, 1992, p. 39.

ainu que no habían asistido a las escuelas instaladas por el gobierno, sino que se habían educado en las escuelas del misionero inglés John Batchelor[32] comenzaron a darse cuenta de las contradicciones que encerraban las fronteras de "lo japonés". Todos los habitantes del imperio eran considerados japoneses, pero ciertamente no todos tenían los mismos derechos. En otras palabras, el proyecto de definición de la nación japonesa establecía un sistema de clases a partir de la filiación étnica, género, edad y habilidades físicas de sus miembros.[33]

Durante las décadas de 1920 y 1930 proliferaron los estudios en eugénesis, con el fin de demostrar la superioridad de la raza *wajin* y, por supuesto, la inferioridad de los pueblos *ainu*, okinawense, coreano y taiwanés.[34] Asimismo, para ese momento la destrucción de las unidades sociales *ainu (kotan)* había causado la vertiginosa desaparición de la lengua y las costumbres ancestrales, que requerían de la tradición oral para ser transmitidas de una generación a otra. Esto provocó que los estudiosos *wajin*, inspirados en la escuela de la "antropología reconstructiva"[35] se dedicaran intensivamente a

---

[32] John Batchelor fue un misionero anglicano que dedicó su vida al estudio de la lengua y la cultura *ainu*, es una figura clave dentro de la nueva generación que comenzó a pronunciarse por la defensa de su orgullo cultural. Nacido en Sussex en 1854, Batchelor llegó a Hakodate en 1877 y a partir de ese momento puso en funcionamiento varias escuelas en las regiones de Biratori, Usu y Horobetsu. En 1891 fundó tres escuelas en Kushiro, una clínica en Sapporo y, en 1893, una escuela en Hakodate. En todo momento promovió la fe cristiana y la erradicación del alcoholismo entre los *ainu*. En 1898 se estableció en Sapporo, donde convirtió su casa en un hogar para niñas *ainu*. En 1906 adoptó como su hija a Mukai Yaeko, cuyos padres eran *ainu* prominentes en Usu. (R. Siddle, *Race, Resistance and the Ainu of Japan, op. cit.*, pp. 123-124.)

[33] E. Oguma *'Nihonjin' no Kyookai, op. cit.*, p. 638.

[34] R. Siddle, "The Ainu and the Discourse of 'Race'", *op. cit.*, pp. 143-144.

[35] En la "antropología reconstructiva" o "antropología salvaje", "las culturas indígenas son vistas como residuos rotos de tradiciones pasadas que tienen que ser rescatadas como si fueran especímenes de museo". La percepción de la cultura como algo social e históricamente condicionado está ausente. Se da por supuesto que las culturas indígenas han sucumbido bajo el efecto de la "civilización" y han sido reducidas a la categoría de "restos tradicionales". Estas culturas son vistas como estáticas, y sus portadores vivientes son frecuentemente considerados como "sin una cultura" (en tanto que ésta, está considerada como algo que pertenece al pasado) o como personas con una forma "inferior de cultura". (S. Devalle. *Discourses of Ethnicity, op. cit.*, p. 40.)

la recopilación de los "últimos vestigios" de la cultura de los "bárbaros". Su labor, tristemente, incluyó el saqueo de tumbas y la recolección de "documentos etnográficos" que se "tomaban prestados" para nunca ser devueltos.[36]

En aquellos días parecía que la historia del *Ainu Moshiri* estaba condenada a perderse en la memoria de los tiempos, y que las futuras generaciones no sabrían jamás el nombre de la tierra de sus ancestros. Sin embargo, la historia del *Ainu Moshiri* estaba, literalmente, por ser escrita y, si bien había dejado de ser narrada alrededor de una fogata, no sólo lo haría para convertirse en solitaria lectura junto a una taza de té, sino en la coherencia misma del movimiento de resistencia *ainu* que no tardaría en comenzar.

La nostalgia por el "hogar perdido"

La vertiginosa modernización de la ahora isla de Hokkaido había cambiado por completo la vida del pueblo *ainu*. Las autoridades prohibieron las actividades de caza y pesca que durante siglos habían sido el modo de subsistencia más importante de las comunidades. Los campos y montañas se convirtieron en pueblos y ciudades, y los hombres y mujeres *ainu* pasaban sufrimientos increíbles tratando de no sucumbir ante el hambre y las enfermedades traídas por los *wajin*,[37] al tiempo que intentaban adaptarse a un modo de vida fundado en el trabajo asalariado y la agricultura en términos sumamente desventajosos.

---

[36] Véase el testimonio de S. Kayano, S. *Our Land was a Forest. An Ainu Memoir.* Westview Press, Estados Unidos de América, 1994. Véase también el estudio de R. Siddle, "Academic Exploitation and Indigenous Resistance: The Case of the Ainu", en N. Loos y T. Osanai (eds.), *Indigenous Minorities and Education, op. cit.*, pp. 50-51.

[37] Una vívida narración de estas circunstancias puede encontrarse en el libro de la autora *ainu* K. Sunazawa, *Ku Sukup Orushipe. Watashi no Ichi Dai no Hanashi (La historia de mi época)*, Fukutake Shoten, Tokio, 1990.

Algunos hombres y mujeres *ainu* que habían sido educados en las escuelas de Batchelor participaron como "informantes clave" en las investigaciones emprendidas por los investigadores *wajin* que trataban de realizar una crónica de las "exóticas" costumbres del pueblo *ainu*, mediante estudios etnográficos y lingüísticos. Uno de estos investigadores, Kindaichi Kyoosuke, compiló una importante cantidad de narraciones orales, gracias a la colaboración de Kannari Matsu y de su sobrina Chiri Yukie.

John Batchelor estaba convencido de la inevitable desaparición del pueblo *ainu*, y personalmente había desalentado la práctica del tatuaje en las mujeres y había promovido la sustitución de las prácticas religiosas *ainu* por la religión cristiana. Las ideas de Batchelor y de los investigadores *wajin* acerca de los *ainu* como "pueblo en extinción", hizo que algunos hombres y mujeres *ainu* tomaran conciencia de que la modernización implicaba también la pérdida de un modo de vida peculiar. La rápida urbanización estaba terminando con un entorno que había marcado por siglos la vida del pueblo *ainu*, y comenzaron a ver con nostalgia los tiempos —todavía no muy lejanos— en que era posible vivir como cazador, pescador y comerciante, relacionándose íntimamente con los dioses que habitaban los valles y montañas cubiertas de nieve. Chiri Yukie, la primera escritora *ainu*, expresó en el prólogo de su célebre compilación de narraciones orales la melancólica visión de un pasado feliz que no regresaría jamás a la vida del pueblo *ainu*:

Hace mucho tiempo, este amplio Hokkaido era el mundo libre de nuestros ancestros. Deben haber sido personas felices como la inocente belleza de un bebé, viviendo tranquila y felizmente, abrazados por la hermosa, gran naturaleza, verdaderamente como sus hijos favoritos [...] Ahora también esa frontera de la paz es tiempo pasado; el sueño se rompió hace varias décadas [...] Sin saber cuándo, se ha ensombrecido la antigua forma de la naturaleza. ¿Cuál será el rumbo de tanta gente que habitaba felizmente los campos y montañas? Los pocos que quedamos de nuestro pueblo, sólo observamos sorprendidos el avance de la sociedad [...] Tal vez hace mucho tiempo, nuestros felices ancestros no imaginaban, siquiera un poco, que su propia tierra natal terminaría en esta miserable situación.[38]

En el mismo prólogo, Chiri Yukie lamenta la miseria en que se encontraba sumido su pueblo, incapaz de igualar el paso con la modernización que se estaba imponiendo. En ningún momento considera que se estuviera despojando a los *ainu* de su territorio; simplemente asume el compromiso de escribir las narraciones que ha escuchado de sus ancestros, para no permitir que desaparezcan, junto con las "personas débiles" que se han ido quedando en el camino. "Son —agrega— cosas de las que es difícil y doloroso despedirse."[39]

Chiri Yukie falleció cuando sólo tenía 19 años, poco después de haber concluido su libro. No obstante, su tía Kannari Matsu escribiría una enorme cantidad de narraciones heredadas de sus ancestros.[40] El objetivo era la preservación del inmenso repertorio de tradición oral heredado de sus antepasados, en tanto que habían llegado a creer que su pueblo desaparecería irremediablemente ante el avance de la civilización.

A partir de ese momento, surgieron varios escritores y escritoras que no sólo buscaban dejar testimonio de la tradición oral, sino externar sus propias opiniones sobre la situación de su pueblo. Educados también en las escuelas de Batchelor, estos autores buscaron promover los valores cristianos que hacían un llamado a abandonar el alcoholismo y a mantener la fortaleza del espíritu pese a la adversidad. En su obra, es posible advertir una paradoja que marca la transición ha-

[38] Chiri, Y. *Ainu Shinyooshuu (Colección de canciones de los dioses ainu)*, Prefacio, pp. 1-2, Iwanami Shoten, 1997 (27ª edición).
[39] Y. Chiri, *Ainu Shinnyooshuu, op. cit.,* p. 2.
[40] Véase M. Kannari. *Ainu Jijoshi Yuukara Shuu (Colección de Yuukara, Narraciones Épicas),* nueve volúmenes, traducido y anotado por Kindaichi Kyoosuke. Sanshoo too, Sapporo, 1959.

cia un nuevo sentido de la etnicidad *ainu*. No dudaban en el deber moral de ser "dignos súbditos del tennoo" mediante el abandono de costumbres consideradas "bárbaras" y la adopción incondicional de la lengua y las costumbres "civilizadas" de los *wajin*. Sin embargo, la adopción de estas costumbres no significaba *dejar de ser ainu* y, como *ainu*, estaban dispuestos a defender el orgullo de su filiación étnica. Esta defensa implicaba asumir una posición defensiva frente a la imagen del pueblo *ainu* como "raza agonizante", y frente a la explotación de las costumbres *ainu* como mercancía de la naciente industria turística de Hokkaido.

Aunque la mayoría de los hombres y mujeres *ainu* que hablaban en nombre de su pueblo no ponía en tela de juicio la necesidad de asimilarse a la cultura *wajin*, surgieron posturas más críticas, entre las que resalta la aportación del escritor y activista Iboshi Hokuto (1902-1929). Iboshi desarrolló sus ideas durante la época conocida como Democracia Taishoo (1912-1926), un momento de lucha social sumamente vigoroso en que los sectores obrero y campesino buscaban cuestionar las bases sobre las que estaba fincado el poder económico del archipiélago. A este movimiento también se habían incorporado los *burakumin* —despectivamente conocidos como *eta*, y marginados históricamente por dedicarse al manejo de cadáveres de animales— así como los coreanos que comenzaban a distinguirse como una minoría más en Japón. Iboshi, al igual que otros activistas de la época,[41] se sintieron inmediatamente identificados con estas propuestas, asumiendo que la situación del pueblo *ainu* estaba re-

---

[41] Pehteh Waroo fue otro intelectual de la época que fundó una revista que fungiera como foro para los escritores *ainu*, la llamada *Utari no hikari (La luz de los Utari)*. La utilización del término *utari*, que significa "compañero", buscaba dar un sentido más positivo a la idea de pertenencia a la comunidad *ainu* que, en un contexto de discriminación, había dejado de significar "ser humano" para equipararse al concepto peyorativo de "aborigen" (*dojin*). Véase también Nukishio H., *Ainu no Dôka to Senchô (La asimilación ainu y sus ejemplos)*, Obihiro: *Hokkan Shôgun Kôseidan*, 1934; reimpreso en Sapporo: *Sapporo-dô Shoten*, 1986. En este libro el autor critica severamente las nociones de corte darwiniano sobre la inferioridad de la raza *ainu*.

lacionada con la lucha de clases. Además de poesía, Iboshi escribió ensayos en los que culpa a las políticas colonialistas de convertir en víctimas del desarrollo a los *ainu*, encadenándolos "bajo el eufemismo de la protección, despojados de su tierra y su libertad, y forzados a convertirse en leales esclavos".[42] Para Iboshi estaba claro que adoptar las costumbres *wajin* no era garantía de igualdad en la sociedad japonesa. Pese a los cambios, él seguía siendo *ainu*:

> Ajustando mi corbata, observo mi cara
> El espejo me dice
> Eres ainu, después de todo.[43]

Estas opiniones, sin embargo, representaban sólo una posibilidad del amplio espectro de experiencias sobre la etnicidad *ainu*. Para la década de 1930, una buena parte de la población *ainu* habitaba en las ciudades y se había convertido en trabajador de cuello blanco. Estos *ainu* se consideraban "exitosos" por haberse incorporado a la economía capitalista japonesa, y el gobierno los categorizaba como "ainu educados". Durante un debate en la Dieta en 1934 se comentó que su contraparte, los "ainu no educados", habitaban en áreas rurales como Chikabumi y,

> aún viven en chozas de palma hechas al estilo antiguo, que se han convertido en atracciones turísticas [...] pero parece que en los pueblos se están construyendo muchas casas de diferente tipo. Se trata de barracas de estilo occidental. Por lo tanto, creo que las costumbres de los japoneses ordinarios están permeando gradualmente la vida de los *ainu*. De hecho, los *ainu* que frecuentemente vienen a presentar sus peticiones ante las autoridades de Hokkaido usan traje.[44]

---

[42] Iboshi, H., *Kotan: Iboshi Hokuto Ikoo (Kotan: los escritos póstumos de Iboshi Hokuto)*, Tokio, Sôfûkan, 1984, pp. 110-116. Citado por R. Siddle, *Race, Resistance...*, *op. cit.*, p. 129.

[43] H. Iboshi, *Kotan*, *op. cit.*, p. 48. Citado por Siddle, *Race, Resistance...*, *op. cit.*, p. 130.

[44] Registros de la 65 Asamblea de la Cámara Baja de la Dieta. Reimpreso por Hokkaido Utari Kyookai (ed.), *Ainu shi: Shiryoo hen (Historia Ainu: Colección de docu-*

Para ese momento, como confirma el texto anterior, estos *ainu* prósperos se habían asumido como negociadores de mejor calidad de vida para los *ainu* menos favorecidos. Este grupo creó en 1930 la *Hokkaido Ainu Kyookai* (Asociación de Ainu de Hokkaido), no sólo con el fin de promover mejoras en la vivienda, la educación y la salud de las comunidades pobres, sino también para pugnar por la abolición de la Ley de Protección, que consideraban el mayor obstáculo para la incorporación de los *ainu* a la sociedad japonesa en términos equitativos, debido a su corte proteccionista. Las ideas de esta asociación pueden verse reflejadas en la publicación *Ezo no Hikari (La luz de Ezo)* que constó de cuatro números publicados entre 1930 y 1933. Si bien los temas más recurrentes fueron la eliminación de la Ley de Protección, la educación, el bienestar social y la condenación del alcoholismo, también es posible encontrar airadas protestas por la actitud de los investigadores que tratan a los *ainu* como especímenes de estudio.[45] Otros reflexionaron sobre el dilema entre abandonar las costumbres propias, siendo éstas motivo de su atraso, o bien asumir que "No tenemos necesidad de despreciarnos a nosotros mismos [...] Más bien, debemos sentirnos orgullosos como *ainu*".[46]

Mientras tanto, los *ainu* que vivían en zonas rurales se habían convertido en agricultores pobres, y en ocasiones se veían orillados a "vender su etnicidad" a los turistas. Aunque la actividad turística significaba una oportunidad de allegarse los recursos económicos necesarios para sobrevivir,

---

mentos), vol. 3. Hokkaidoo Utari Kyookai, Sapporo, 1990, pp. 373-374. Citado por T. Morris-Suzuki "Tashasei e no Michi (2) – Nijuu Seiki Nihon ni Okeru Ainu to Aidentiti Poritikus" ("El camino hacia la otredad: los ainu y las políticas de identidad en el Japón del siglo xx"), en *Misuzu*, núm. 444, marzo de 1998, p. 3.

[45] Kaizawa H., 'Wajin yo, Ôseki no *Ezo* wo Wasureru nakare; Utari yo, Chishiki no Kôjô wo Hakare' (Wajin, no olviden al *Ezo* del pasado; compañeros, planeen incrementar su conocimiento), *Ezo no hikari*, núm. 2 (enero de 1931), p. 25. Citado por Siddle, *op. cit.*, p. 136.

[46] Hiramura, Y., 'Ainu to shite ikeru ka?' Hata Shamo ni Dôka suru ka? (¿Vivimos como *ainu*? ¿O nos asimilamos a los shamo?), *Ezo no hikari*, núm. 1 (noviembre de 1930). Citado por Siddle, *op. cit.*, p. 136.

la actitud de los turistas y de los promotores turísticos era humillante, en tanto que subrayaban el primitivismo de los *ainu* como una forma de confirmar su superioridad. Al respecto, Siddle atinadamente apunta que "Las privaciones de los *ainu* y la naturaleza de las villas como un campo de fronteras precisas se mostraban al público no como el resultado directo de la apropiación de las tierras y los recursos *ainu* para el desarrollo colonial, sino como un aparador de lo primitivo que el visitante casual podía observar fugazmente para luego irse, confiando en su propia modernidad y civilización."[47]

Con el inicio de la participación de Japón en la segunda guerra mundial, muchos *ainu* fueron llamados nuevamente a demostrar su lealtad incorporándose a las fuerzas armadas. Para algunos de ellos el efecto psicológico de su participación en la guerra también estuvo marcado por su filiación étnica, ya que fueron discriminados dentro del mismo ejército. La experiencia fue tan dura para algunos, que después de la guerra decidieron entregarse al alcoholismo;[48] sin embargo, para otros representó la decisión de involucrarse de forma más comprometida con la lucha por los derechos de su pueblo. Kaizawa Tadashi era un hombre *ainu* que había heredado de su padre la idea de que era necesario asimilarse a la cultura *wajin*. Durante la guerra, la discriminación de que fue sujeto, así como la oportunidad de entrar en contacto con los diferentes pueblos que convivían armónicamente en Manchuria, lo hizo reflexionar sobre la necesidad de revalorar su propia identidad *ainu*.[49]

La Constitución de 1946 ofrecía a los *ainu* una promesa de respeto y de igualdad a su cultura. Incluso, cuando el comandante Swing de las fuerzas de ocupación preguntó a un grupo de representantes del pueblo *ainu* si deseaban in-

---

[47] R. Siddle, *Race, Resistance…, op. cit.*, p. 106.
[48] Véase M. Chikkap *Kaze no Megumi, op. cit.*, pp. 37-38.
[49] Suzuki, D. y Keibo, O. *The Japan We Never Knew*. Sttodart, Toronto, 1996, p. 102.

dependizarse de Japón, ellos respondieron que no estaban interesados en ser independientes "porque fuimos japoneses en el pasado y seguiremos siendo japoneses en el futuro".[50] Aunque esta oferta fue rechazada por el ala conservadora de la *Hokkaido Ainu Kyookai*,[51] ciertamente sembró en otros activistas de la época la idea de recuperar el territorio de los *ainu* que, por primera vez en mucho tiempo, se identifica con su nombre original: *Ainu Moshiri*. Así, comenzaron a surgir posturas más críticas que, sin dejar de insistir en el mejoramiento en las condiciones de vida, hacían un llamado a oponerse abiertamente al sistema colonial que los había despojado de su territorio y su cultura. Como defensor de estas ideas, Takahashi Makoto fundó en 1946 la *Ainu Mondai Kenkyuusho (Centro de Investigación sobre el Problema Ainu)*. En el número inicial de la publicación auspiciada por esta organización, el *Ainu Shimbun (Periódico Ainu)*, alaba el "caluroso corazón del general McArthur", que vino a liberar al *Ainu Moshiri* de los "villanos deshonestos wajin" *(akutoo fusei wajin)*. "Lo que nosotros los *utari* pedimos es el mejoramiento y la estabilidad de nuestras vidas. Para ello, no pedimos más que nos den trabajo, comida, casas y que nos devuelvan las tierras de los *ainu*."[52]

LA LUCHA POR EL HOGAR ARREBATADO

Al concluir el periodo de ocupación (1946-1952), se habían sentado las bases para convertir a la nación japonesa en una

[50] Citado por Y. Baba "A Study of Minority-Majority Relations...", *op. cit.*, p. 78.

[51] La *Hokkaido Ainu Kyookai* estuvo muy activa entre 1946 y 1948, alentada por la idea de defender sus tierras de la reforma agraria impulsada por el gobierno de ocupación. Sin embargo, al no lograr su objetivo, su actividad cesó casi por completo. Sería hasta la década de los sesenta que la asociación volvería a tener un intenso periodo de actividad.

[52] Anónimo, "Fusei *Wajin* o Tsuihooseyo, *Ainu Moshiri* heiwa no tame ni. Utari Yo, Okite!" ("Desterremos a los deshonestos wajin, para la paz del *Ainu Moshiri*. ¡Despierten, Utari!), en *Ainu Shimbun (Periódico Ainu)*, número inicial, 1 de marzo de 1946. Incluido en M. Ogawa y S. Yamada. *Ainu Minzoku Kindai no Kiroku (Crónica actual del pueblo ainu)*. Soofukan, Tokio, 1998, pp. 234-235.

potencia económica mundial. Sin embargo, muchos miembros del pueblo *ainu* permanecieron al margen de estos beneficios económicos. Un censo sobre las condiciones socioeconómicas de los *ainu* de Hidaka realizado en 1962 por las autoridades locales, reveló que la mayoría de ellos era obrero o granjero pobre; la discriminación racial continuaba manifestándose en forma de prejuicios contra los niños en las escuelas y esto, combinado con la pobreza, causaba un importante grado de ausentismo de los alumnos *ainu*. Además, este censo mostraba que muchos *ainu* jóvenes migraban fuera de sus comunidades para emplearse en las ciudades, incluyendo Tokio y Oosaka. Entre ellos, los jóvenes que mostraban rasgos físicos *wajin* tendían a "disolverse" en las sociedades urbanas, negando su ascendencia *ainu*.[53]

En ese momento las nociones de Japón como "nación de un solo pueblo" (*tan'itsu minzoku kokka*) confirmaban la importancia de la raza como factor incuestionable de la identidad japonesa. A través de la extensa literatura sobre *Nihonjinron*, "lo japonés" se definía como una serie de valores culturales claramente identificables en un grupo *racialmente* diferenciado. La diversidad simplemente no tenía cabida. Así, paradójicamente los *ainu* sufrían la discriminación racial mientras su existencia era sistemáticamente negada, según la convicción de que habían sido "exitosamente asimilados". Oficialmente, en Japón todos eran japoneses.

No obstante, esta afirmación no permanecería fuera de debate. La segunda parte de la década de los sesenta estuvo caracterizada en Japón por los pronunciamientos contra la guerra de Vietnam y la agitación por la devolución del territorio ocupado de Okinawa. Algunos jóvenes *ainu* que se habían incorporado a la vida universitaria también formaban

---

[53] *Hokkaidô Hidaka Shichoo ni okeru Ainu Kei Juumin no Seikatsu Jittai to sono Mondaiten* (*Las condiciones socioeconómicas de los descendientes ainu residentes en la región de Hidaka, y los problemas relacionados*), Urakawa: Hidaka Shichô, 1965. (Citado por Siddle, *Race, Resistance…*, *op. cit.*, pp. 154-155).

parte de estos movimientos, al tiempo que nutrían sus ideas sobre la postura que buscaban asumir acerca de su etnicidad.

Esta postura se expresó contundentemente durante la celebración del centenario de la Reclamación de Hokkaido, en 1968. La idea de las autoridades era celebrar la expansión "natural" de la civilización japonesa hacia un territorio habitado por "unos cuantos" nativos que fungieron como guías y *coolies* (cargadores). Este discurso negaba la violencia que acompañó la colonización de Hokkaido, así como los efectos destructivos sobre la sociedad *ainu* y los recursos naturales de la zona. Indignados, muchos *ainu* buscaron mostrar la otra cara del "desarrollo" de Hokkaido, como una narrativa contrahegemónica que diera cuenta de la existencia del *Ainu Moshiri*... el hogar arrebatado.

El resurgimiento de la nación *ainu*

En esos momentos habían surgido escisiones en los círculos de liderazgo, sobre todo cuando en 1970 la facción más conservadora votó contra la abolición de la Ley de Protección, arguyendo que podía ser una plataforma para la obtención de políticas de beneficio social para los sectores menos favorecidos. La facción más progresista buscaba, por su parte, una revisión más crítica de las relaciones de dominación, subrayando los aspectos de clase que conllevaba la discriminación racial. Ante esta divergencia en las posturas, era urgente crear un frente común que fortaleciera la posición de la causa en las negociaciones con el Estado.

El punto de confluencia se estableció en la búsqueda de una nueva lectura de la tradición y de la historia del pueblo *ainu*. Por su parte, la facción más conservadora de la *Utari Kyookai* —Kaizawa Tadashi entre ellos— inició la tarea de elaboración de una "historia correcta" del pueblo *ainu*. El primer volumen de su esfuerzo de revisión histórica comenzaba con el proverbio *furuki o tazunete atarashiki o shiru*

(Visitando lo viejo se conoce lo nuevo).[54] Los jóvenes que formaban parte de la facción más progresista, buscaron inspiración en las enseñanzas de los *ekashi* (ancianos) y *huchi* (ancianas), como fuente inagotable de sabiduría sobre la cultura ancestral. En esta labor, las ideas del respetado *ekashi* Yamamoto Tasuke (1904-1993) fueron instrumentales en la delimitación de las fronteras del *Ainu Moshiri*, que surgía en el discurso de los jóvenes más críticos como uno de los símbolos de identidad más poderosos, en tanto que daba coherencia al sentido de comunidad del pueblo *ainu*.

Estos jóvenes nutrieron su imagen del pueblo *ainu* a partir de las experiencias que, como antaño, los *ekashi* evocaban en las historias de la tradición oral. Esta imagen era la de un pueblo pacífico de cazadores y pescadores, dotados de gran sabiduría que les daba la habilidad de vivir en armonía con el entorno natural, pese a la severidad de los inviernos. Esta armonía estaba dada por el respeto a los dioses, quienes estaban presentes en todo lo que existía, y las creencias religiosas daban sentido a cada una de las prácticas cotidianas. Estas narraciones dieron pie a la reformulación de sus contenidos simbólicos en un marco de resistencia. Así, Sunazawa Bikki, un joven escritor y artista plástico, diseñó con base en estas enseñanzas la primera bandera *ainu*, que ondeó provocativamente durante el desfile del primero de mayo de 1973 en Sapporo. El diseño consistía en una flecha, que buscaba evocar la tradición del pueblo *ainu* como cazadores, haciendo también alusión al amor en el juego de palabras *ai*, que en lengua *ainu* significa "flecha" y en japonés significa "amor". La bandera tenía tres colores: el azul claro simbolizaba el cielo y el mar; el verde, la tierra; el color blanco en la flecha buscaba mostrar el carácter rudo del norte y la nieve. Por último, el rojo en el centro estaba dedicado a *Ape Kamui*, la diosa del fuego, y "simboliza el orgullo, la lucha y

---

[54] *Senkusha no Tsudoi*, núm. 11 (marzo de 1976). Citado por R. Siddle, *Race, Resistance…, op. cit.*, p. 175.

la pasión de nosotros los *utari*".[55] Este símbolo se convirtió en la imagen de la publicación *Anutari Ainu* (*Nosotros los ainu*), que en su primer número dejaba claro que el objetivo era desenmascarar las formas de opresión utilizadas históricamente por los *wajin*:

> Lo que ahora estamos enfrentando no es al "ainu" como raza (*jinshu*) o al "ainu" como pueblo (*minzoku*), sino al "ainu" como una condición, como un conjunto de circunstancias (*jookyoo*). Con esto me refiero al significado detrás de la palabra cuando la gente nos llama "ainu", que es una fuerza que tiraniza nuestras vidas. Es precisamente este "ainu" como una condición, y la opresión que la acompaña, lo que es nuestro problema.[56]

La revisión de la historia y la tradición cultural fue alimentando la imagen del *Ainu Moshiri* con héroes, fechas y acontecimientos que daban sentido al presente, gracias a la reconstrucción y reinterpretación de un pasado que hasta ese momento sólo había sido escrito por los *wajin*, justificando y legitimando el sometimiento y el despojo del pueblo *ainu* como consecuencia "natural" de la lucha de las especies. Dentro de este espíritu Yuuki Shooji, motivado por el *ekashi* Yamamoto Tasuke, fundó la Liga de Liberación *Ainu* (*Ainu Kaihoo Doomei*) e inició en 1974 la tradición de celebrar anualmente un *icharpa* o ritual fúnebre en Nokkamapu, en honor de los 37 *ainu* rebeldes que fueron ejecutados en ese lugar en 1789.[57]

---

[55] B. Sunazawa, "Shimborumaaku ni tsuite" ("Acerca del símbolo"), en *Anutari Ainu*, núm. 1, p. 2, junio de 1973. Para una fotografía de esta bandera, véase Ainu Minzoku ni Kansuru Jinken Keihatsu Shashin Paneru Ten Jikkoo Iinkai (Comité Organizador de la "Exhibición de Fotografías Ainu para la promoción de los Derechos Humanos), *Ainu Minzoku ni kansuru jinken keihatsu shashin paneru ten (Exhibición de fotografías ainu para la promoción de los derechos humanos)*, Sapporo, 1993 (primera edición, 1991), p. 19. Véase también *Anutari Ainu* núm. 16 (mayo de 1975) para una imagen de la bandera *ainu* durante el desfile del Día del Trabajo de ese año.

[56] *Anutari Ainu*, núm. 1, junio de 1973, p. 8. Citado por R. Siddle, *Race, Resistance...*, *op. cit.*, p. 172.

[57] R. Siddle, *Race, Resistance...*, *op. cit.*, pp. 172-175.

Como consejero, Yamamoto Tasuke inculcó en los activistas de los setenta la necesidad de revitalizar las manifestaciones culturales propiamente *ainu* a través del bordado, los bailes y la celebración de los rituales ancestrales con el fin de reforzar los símbolos de la etnicidad en un marco de resistencia, y no como un espectáculo para los turistas;[58] como *ekashi*, era depositario de los conocimientos ancestrales y veía con buenos ojos la renovación de las antiguas tradiciones. Aunque algunos *ekashi* más conservadores consideraban que estas ceremonias eran una farsa y que insultaban a los dioses,[59] no eran pocos quienes apoyaban estas festividades como una oportunidad de crear y consolidar un sentimiento de pertenencia a una comunidad que compartía los mismos ideales y el mismo pasado cultural.

El *Ainu Moshiri* es la Madre Tierra

Para principios de la década de los ochenta, el *Ainu Moshiri* se había convertido en un punto de encuentro obligado del discurso de resistencia. Líderes de todas las edades, hombres y mujeres, lo invocaban como el espacio y el tiempo en que sus ancestros podían ejercer libremente su derecho a la auto-determinación…, un "paraíso arrebatado" por el colonialis-

---

[58] El *ekashi* Yamamoto Tasuke se mantuvo siempre muy activo en cuanto a la revitalización de las ceremonias tradicionales dentro del nuevo contexto. Dentro de la Asociación *Yai Yukara*, promovió la recuperación de la tradición oral, e incluso en abril de 1976 llevó a cabo una representación de *Yuukara* (narración épica) en París. Además, se mantuvo muy activo tratando de defender los recursos naturales del Lago Akan, promoviendo la defensa del *marimo*, un alga redonda que estaba en peligro de extinción por su sobreexplotación para la venta a los turistas. Véase Yamamoto Tasuke, "Mina Umaretekitara, Onaji Kenri ga arunda" ("Todos hemos nacido con los mismos derechos"), en Iibe Noriaki, *Ainu Gunzoo. Minzoku no Hokkori ni Ikiru (El grupo ainu. Viviendo en el orgullo del pueblo)*. Ochanomizu, Tokio, 1995, pp. 12-21.

[59] Véase los comentarios del jefe anciano Yamakawa Hiro en Ekashi to Huchi Henshû Iinkai (ed.), *Ekashi to Huchi: Kita no Shima ni Ikita Hitobito no Kiroku (Los ancianos y las ancianas: Una crónica de la gente que vivió en la isla del norte)*. Sapporo Terebi Hôsô, Sapporo, 1983, p. 838.

mo *wajin* que, aunque era parte del pasado, se transformaba también en aspiración a un nuevo estado de armonía social.

Esta aspiración era congruente con las demandas de otros movimientos de resistencia indígena en todo el mundo. En un marco de resistencia indígena global, la visión del *Ainu Moshiri* como un estado de sabia convivencia con la naturaleza se identificaba con el reclamo a la revaloración de las culturas ancestrales en otras partes del mundo, sobre la base de que estas culturas no promovían una relación destructiva con el entorno natural. Esto como respuesta al discurso hegemónico colonialista que había impuesto estructuras de dominación y despojo, en aras de un supuesto mejoramiento a través de modelos civilizatorios que privilegian la urbanización, la industrialización y la explotación masiva de los recursos naturales. Así, la visión del *Ainu Moshiri* como la Madre Tierra *(haha naru daichi)* se incorporó al discurso de resistencia *ainu*, subrayando la sabiduría inherente de la cultura ancestral. En 1980, Yuuki Shooji lo expresó de la siguiente manera:

> La cultura *ainu* que creó la Madre Tierra no ha cambiado hasta ahora en el *Ainu Moshiri*, y los dioses en que la gente cree no se han ido para siempre. Aún en la actualidad, gracias al hecho de que cada año se realizan con majestuosidad las ceremonias del pueblo en diferentes regiones, y gracias a que se siguen ofreciendo respetuosas oraciones a los dioses de la naturaleza, la Madre Tierra, el *Ainu Moshiri* continúa siendo el territorio, aunque espiritual, de nuestra gente.[60]

El *Ainu Moshiri* se convirtió en la idealización de una sociedad sin clases sociales, en que la Madre Tierra no se repartía ni se vendía. Era un territorio por el que el pueblo *ainu* podía transitar libremente, y sobre el que tenía pleno derecho de explotación de los recursos naturales.[61] Hasta

---

[60] S. Yuuki, *Ainu Sengen (Manifiesto ainu),* Sanichi Shooboo, 1980, p. 43. Al hablar del territorio espiritual, se refiere a él como *minzoku no seishin no uchi ni ryoodo wa sonzai shiteiru no de aru.*

[61] S. Yuuki, *Ainu Sengen, op. cit.,* p. 42.

ese momento, el gobierno japonés había buscado legitimar el despojo del *Ainu Moshiri,* argumentando que había sido habitado y desarrollado *(kaitaku)* desde tiempos inmemoriales por el pueblo *wajin,* sin embargo, una revisión de la historia mostraba que la realidad era muy diferente, y era precisamente a partir de esta revisión de la historia de despojo y opresión que el pueblo *ainu* legitimaba el reclamo de la autodeterminación sobre sus territorios. Este reclamo no era un grito aislado, sino que encontraba eco en las demandas de autodeterminación que otros pueblos habían iniciado en otras partes del mundo.

Estas ideas fueron abrazadas por los líderes de la *Hokkaido Utari Kyookai*[62] y trasladadas a una agenda concreta de negociaciones con el gobierno. Tomando como ejemplo los logros obtenidos por los nativos americanos en materia de autonomía,[63] en 1984 se aprobó unánimemente una propuesta para reformular el contenido de la obsoleta Ley de Protección de 1899. Aunque este proyecto reclamaba los derechos de usufructo sobre los recursos pesqueros y forestales, no abandonaba del todo la línea orientada a perpetuar el paternalismo estatal, solicitando la creación de fondos especiales para su explotación. Sin embargo, el cambio fundamental en la aproximación está dado por la insistencia en el derecho a vivir como un pueblo culturalmente diferenciado. En la introducción se expresaba claramente la conciencia de ser "un grupo con una historia particular, con lengua y culturas distintas que mantienen un estilo de vida económico común en el *Ainu Moshiri* (la tierra donde viven los *ainu*),

---

[62] En ese momento, la *Hokkaido Ainu Kyookai* había cambiado su nombre por el de *Hokkaido Utari Kyookai,* debido a la connotación peyorativa del término "ainu". Actualmente, la asociación retomó su nombre original, *Hokkaido Ainu Kyookai,* entendiendo que no hay motivos para no usar orgullosamente el nombre "ainu".

[63] En este sentido, los logros obtenidos a partir de la Ley de Reclamación de Asentamientos de los Nativos de Alaska, promulgada en 1971, se convirtieron en motivo de inspiración para los líderes de la Asociación de Ainu de Hokkaido después de la visita de su presidente, Nomura Giichi, a la Región Autónoma de North Slope en 1978. R. Siddle, *Race, Resistance..., op. cit.,* p. 177.

Hokkaido, Karafuto [Sakhalin] y las islas Kuriles y ha conservado su identidad propia como pueblo, mientras luchaba contra la inhumana invasión y opresión del Shogunato Tokugawa y del Matsumae *han*". En el mismo texto se acusaba al gobierno de la Renovación Meiji de incorporar "al *Ainu Moshiri* dentro del territorio nacional, como si se tratara de una tierra sin dueño". Ahora estaba claro que "El problema del pueblo *ainu* es el vergonzoso producto histórico de un proceso orientado hacia la formación del Estado moderno japonés".[64]

Este proyecto hacía un llamado a que todos los *ainu* de Japón gozaran de los beneficios que otorgaría la nueva ley. Sin embargo, la conciencia de que el *Ainu Moshiri* era una "nación" que rebasaba las fronteras políticas japonesas estaba fuertemente arraigada en otros sectores del liderazgo *ainu*. Nuevamente apoyados en la guía espiritual[65] del *ekashi* Yamamoto Tasuke, este grupo forma en 1991 la *Ainu Moshiri no Jichiku o Torikaesu Kai* (Asociación para la Restitución del Distrito Autónomo del *Ainu Moshiri*). Como presidente de la asociación, Yamamoto Kazuaki, *sobrino de Yamamoto Tasuke,* promovió los lazos de amistad con los *ainu* y otros pueblos del archipiélago del norte, continuando así con la labor que Yuuki Shooji dejó inconclusa debido a su deceso en 1983. Los esfuerzos de esta asociación se vieron hasta cierto punto recompensados en 1991, cuando Chikkap Mieko, bordadora, activista y escritora *ainu*, realizó el primer viaje sin visa por todo el territorio del *Ainu Moshiri* después de la guerra, dentro de un proyecto denominado *Pisu Booto* (El Barco de la Paz). Durante una serie de conferencias y debates con los *ainu* y otros pueblos indígenas de Sakhalin y las islas Kuriles, Chikkap Mieko dejó claro que la posición de los *ainu* de Ja-

---

[64] "Ainu Minzoku ni Kansuru Hooritsu (An)" ["Ley Relativa al Pueblo Ainu (Proyecto)"], incluido en M. Chikkap *Kaze no Megumi, op. cit.,* pp. 347-351.

[65] Retomo este término del artículo periodístico "Makoto no Ekashi Yuku" ("Fallece un verdadero *ekashi*"), *Mainichi Shimbun, Edición Hokkaido,* 16 de febrero de 1993.

pón es la de buscar por medios pacíficos la restitución de los derechos sobre el *Ainu Moshiri*. Y es que dentro de la cultura ancestral que se evoca, los conflictos se resuelven mediante la celebración de un debate o *charanke* a la usanza de los ancestros *ainu*.[66]

El pacifismo de la resistencia *ainu* es otro de los símbolos incuestionables del *Ainu Moshiri*, y constantemente se alude a él como prueba irrefutable de la legitimidad de sus demandas. Tal es el caso de Sannyo-Aino Toyo'oka, líder del grupo musical Moshiri, que combina ritmos *ainu* y de jazz. Este artista invoca la "gloriosa herencia espiritual de amor por los seres humanos y armonía con los dioses de la naturaleza" para proponer la creación de una "tercera filosofía" global, en la que se busque una revitalización de los nexos armónicos con la naturaleza, en sustitución del antropocentrismo que ha llevado a la destrucción del planeta y a la desposesión de los pueblos indígenas. Como estrategia, sugiere la creación de una república *Ainu* independiente, en cuyo seno pueda gestarse una nueva relación de la humanidad con la naturaleza en términos de armonía y equidad.[67]

No obstante, ni la solidez del discurso sobre su etnicidad ni la legitimidad de sus demandas en un contexto mundial de resistencia indígena habían logrado que las autoridades desmintieran su versión de Japón como nación homogénea. En 1986, el primer ministro Nakasone adjudicó el "bajo nivel de inteligencia" en Estados Unidos a la presencia de negros, puertorriqueños y mexicanos. Dada la multietnicidad prevaleciente en Estados Unidos, era más difícil hacer llegar la educación a toda la población. En Japón, un país monoétnico,

---

[66] Ainu Moshiri no Jijiku o Torikaesu Kai – Henshuu. *Ainu Moshiri. Ainu Minzoku kara Mita "Hoppoo Ryoodo Henkan" Kooshoo* (Asociación para la Restitución de la Autonomía Distrital del *Ainu Moshiri*, compilador. *Ainu Moshiri. Las negociaciones para la "resitución de los territorios del norte" vistas por el pueblo ainu*). Ochanomizu Shobo, Tokio, 1992.

[67] Sannyo-Aino Toyo'oka. "The Future of Humans and the Creation of a Third Philosophy: An Ainu Viewpoint", en N. Leos y T. Osanai, *Indigenous Minorities and Education...*, *op. cit.*, pp. 350-359.

esa dificultad no se presentaba.[68] Estas declaraciones eran congruentes con la respuesta que el gobierno japonés había dado en 1980 a las Naciones Unidas, en relación con el artículo 27 del Convenio sobre Derechos Civiles y Políticos, señalando que las minorías étnicas y culturales a las que se refería ese apartado no existían en Japón.[69]

Sin embargo, la fuerza que fue ganando en el escenario internacional el movimiento de resistencia de los pueblos indígenas también se vio reflejado en el peso que fue adquiriendo el tema de la aprobación de la nueva ley *Ainu*, que se había convertido en el punto principal de la agenda de los líderes *ainu* de varios sectores. Finalmente, la ley fue aprobada en mayo de 1997 con el nombre de Ley para el Fomento de la Cultura Ainu y la Difusión del Conocimiento sobre las Tradiciones Ainu. Como su nombre lo indica, esta nueva ley descarta los temas de autodeterminación y derechos sobre el territorio, institucionalizando la expresión de la cultura *ainu* mediante políticas gubernamentales orientadas a

> lograr la formación de una sociedad donde se respete el orgullo de ser *ainu*, así como el contribuir al desarrollo de la diversidad cultural del país; esto a través de la promoción de políticas para el fomento de la lengua *ainu* y otras manifestaciones culturales, además del mejoramiento de la difusión del conocimiento sobre la cultura y tradiciones *ainu*.

De esta manera, parafraseando a la doctora Devalle, el Estado ha convertido en inocua la cultura *ainu*, "apropiándose la expresión de la cultura de los sectores subalternos e intentando integrar estas expresiones de forma modificada dentro de su discurso de unidad nacional".[70]

---

[68] Declaraciones tomadas del *Asahi Shimbun*, septiembre-octubre de 1986 por T. Mizuno. "Ainu, The Invisible Minority", en *Japan Quarterly*, abril-junio de 1987, p. 143.

[69] T. Mizuno, "Ainu, The Invisible Minority", *op. cit.*, p. 145.

[70] S. B. C., Devalle, *Discourses of Ethnicity, op. cit.*, p. 21.

A un año de la promulgación de la ley, la opinión generalizada es que definitivamente no se ha presentado un cambio en la situación del pueblo *ainu*, ya que —como apunta el investigador Uemura Hideaki—"no es una ley para el pueblo *ainu*, sino para la cultura *ainu*".[71]

Si bien existe un sentimiento de insatisfacción generalizado en torno de los alcances de la nueva ley, las críticas se expresan con cierta modestia, apostando a una búsqueda de lo que puede lograrse a partir de esta legislación.[72] En todo caso, la imagen del *Ainu Moshiri* como un mundo de armonía que fue arrebatado por el colonialismo *wajin*, sigue marcando un punto de unión indiscutible con el discurso de resistencia de otros pueblos indígenas del mundo. Y si, como dice Richard Siddle, la salud de la nación *ainu* es frágil, el *Ainu Moshiri* sigue vivo en la imaginación de un grupo de hombres y mujeres que demandan la revisión del contexto en que sus ancestros se vieron privados de la posibilidad de transmitir sus conocimientos a sus descendientes. La historia habrá de continuar.

CONCLUSIONES

Desde la perspectiva de la vieja guardia de antropólogos, ciertamente no podría considerarse que el *Ainu Moshiri*, como narrativa de resistencia, es una "auténtica" manifestación cultural, en tanto que es formulado dentro de una agenda política concreta que busca mostrar la colonización como despojo. Tampoco podría pensarse como fenómeno de continuidad histórica con el ancestral "Ainomoxori" que menciona Ignacio Morera da Virigues en su crónica. Y es que

---

[71] S. Oshima, "Law Fails to Address Needs of Ainu. Everyday Issues Neglected", *The Japan Times,* 2 de junio de 1998, p. 3.

[72] K. Chichibe, "Shinpo ni nen me. Ikasu michi sagaroo" ("Dos años de la Nueva Ley. Busquemos la forma de utilizarla"). Entrevista a Chikkap Mieko, *Mainichi Shimbun* (edición vespertina, Tokio), 2 de junio de 1998.

precisamente el *Ainu Moshiri* que se invoca dentro del discurso de los activistas de la posguerra, busca confrontar la "sentencia de muerte" que los antropólogos *wajin* y anglosajones decretaron desde principios de la época Meiji. Como atinadamente observa Richard Siddle, el activismo de la posguerra sentó las bases ideológicas para la construcción de un sentido de comunidad con base en la conciencia de ser "no sólo otro grupo social en desventaja, necesitados de la beneficencia gubernamental, sino una 'nación' deseosa de descolonización."[73]

"El pasado es arcilla que el presente labra a su antojo. Interminablemente" —dice J. L. Borges, y sí, tal vez los viejos héroes se visten con un ropaje inesperado, y sus hazañas se narran con el lenguaje de otros, pero es el mismo paisaje, el *Ainu Moshiri*, el que da coherencia y continuidad a los símbolos. Dice Trinh T. Minh-ha que las historias (*story*) se convierten en *sólo* una historia cuando uno se acostumbra a consumir la verdad exclusivamente como hechos (*facts*).[74] Desde esta perspectiva, el *Ainu Moshiri* no es alegoría ni metáfora. Entre los hombres y las mujeres que defienden el ideal de mantener viva su cultura, nadie diría que la imagen actual del *Ainu Moshiri* como discurso de resistencia es "menos verdadera" que la imagen del *Ainu Moshiri* de sus antepasados. Porque el *Ainu Moshiri* de nuestros días está hecho de esa arcilla que puede labrarse interminablemente para dar sentido a una búsqueda concreta como narrativa contrahegemónica. El *Ainu Moshiri* y sus héroes han dejado de ser transmitidos por los cantos de los *ekashi* y las *huchi*, pero su historia sigue siendo narrada.

> La historia soy yo y no soy yo, ni es mía. Realmente no me pertenece, y mientras me siento enormemente responsable de ella, también disfruto la irresponsabilidad del placer obtenido a través del proceso de transferencia. Placer en el copiado, placer en

---

[73] R. Siddle, *Race, Resistance...*, *op. cit.*, p. 171.
[74] Trinh T., Minh-ha, *Woman Native Other*, Indiana University Press, 1989, p. 121.

la reproducción. Ninguna repetición puede ser idéntica, sino que mi historia conlleva sus historias, su historia, y nuestra historia se repite a sí misma interminablemente, pese a nuestra insistencia en negarlo.[75]

Y es en este recrear los símbolos —no en preservarlos— que la historia de este pueblo se sigue narrando, como conciencia de que el *Ainu Moshiri* es, en palabras de Yuuki Shooji, el territorio, aunque espiritual, del pueblo *ainu*.

BIBLIOGRAFÍA

Ainu Minzoku ni Kansuru Jinken Keihatsu Shashin Paneru Ten Jikkoo Iinkai (Comité Organizador de la Exhibición de Fotografías Ainu para la promoción de los Derechos Humanos), 1993, *Ainu Minzoku ni kansuru jinken keihatsu shashin paneru ten. (Exhibición de fotografías ainu para la promoción de los derechos humanos)*. Sapporo (primera edición, 1991).

Ainu Moshiri no Jijiku o Torikaesu Kai – Henshuu, 1992, *Ainu Moshiri. Ainu Minzoku kara Mita "Hoppoo Ryoodo Henkan" Kooshoo* (Asociación para la Restitución de la Autonomía Distrital del Ainu Moshiri, compilador. *Ainu Moshiri. Las negociaciones para la 'resitución de los territorios del norte' vistas por el pueblo ainu)*, Ochanomizu Shobo, Tokio.

Anderson, Benedict, 1991, *Imagined Communities: Reflections on the Origin and Spread of Nationalism*, edición revisada, Verso, Londres.

Anónimo, 1946, "Fusei Wajin o Tsuihooseyo, Ainu Moshiri heiwa no tame ni. Utari Yo, Okite!" ("Desterremos a los deshonestos wajin, para la paz del Ainu Moshiri. ¡Despierten, Utari!), en *Ainu Shimbun (Periódico Ainu)*, número inicial, 1 de marzo.

Anónimo, 1956, *Nihongi: Chronicles of Japan from the Earliest Times to A. D. 697*. Trad. del Japonés por Aston, G. W. George Allen & Unwin, Ltd. Londres.

Baba Yuko, 1980, "A Study of Minority-Majority Relations: The Ainu and Japanese in Hokkaido", *The Japan Interpreter*, 1, pp. 60-92.

Bartra, Roger, 1992, *El salvaje en el espejo*, Coordinación de Difusión Cultural de la Universidad Nacional Autónoma de México, Era, México.

Bird, Isabella, 1986, *Unbeaten Tracks in Japan. An account on Travels in the Interior Including Visits to the Aborigines of Yezo and the Shrine of Nikko*, Charles L. Tuttle Co. Tokyo, pp. 249-250 (primera edición, 1880, Putnam's Sons, Nueva York, 1880).

---

[75] Trinh T., Minh-ha, *Woman Native Other, op. cit.*, p. 122.

Chikkap, Mieko, 1991, *Kaze no Megumi – Ainu Minzoku no Bunka to Jinken (Los dones del viento – la cultura del pueblo ainu y derechos humanos)*, Ochanomizu, Tokio.

Chiri, Yukie, 1997, *Ainu Shinyooshuu (Colección de canciones de los dioses ainu)*, Iwanami Shoten (vigesimoséptima edición).

Devalle, Susana B. C., 1992, *Discourses of Ethnicity. Culture & Protest in Jharkhand.* Sage Publications. Nueva Dehli-Newbury Park-Londres.

Ekashi to Huchi Henshuu Iinkai (ed.), 1983, *Ekashi to Huchi: Kita no Shima ni Ikita Hitobito no Kiroku (Los ancianos y las ancianas: una crónica de la gente que vivió en la isla del norte)*, Sapporo Terebi Hôsô, Sapporo.

Etter, Carl, 1949, *Ainu Folklore*, Wilcox and Follet, Toronto.

Ishida, Takeshi, 1998, "'Dooka' Seisaku to kizurareta kannen toshite no 'Nihon'" (Política de 'Asimilación' y 'Japón' como concepto mancillado–primera parte) en *Shisoo (Pensamiento)*, núm. 892. Iwanami Shoten, octubre.

Kannari, Matsu, 1959, *Ainu Jijoshi Yuukara Shuu (Colección de Yuukara, Narraciones Épicas)*. Nueve volúmenes. Traducido y anotado por Kindaichi Kyoosuke. Sanshoo too, Sapporo.

Kayano, Shigeru, 1994, *Our Land was a Forest. An Ainu Memory.* Westview Press, Estados Unidos de América.

Kreiner, Joseph, 1993, "European Images of the Ainu and Ainu Studies in Europe", en Joseph Kreiner (ed.), *European Studies on Ainu Language and Culture.* German Institute of Japanese Studies Monograph, núm. 6. München: Indicium Verlag.

McClintock, Anne, 1997, Mufti, Aamir y Shohat, Ella (ed.), *Dangerous Liaisons. Gender, Nation & Postcolonial Perspectives.* University of Minessota Press, Minneapolis.

Morris-Suzuki, Tessa, 1998, "Tashasei e no Michi (2) – Nijuu Seiki Nihon ni Okeru Ainu to Aidentiti Poritikus" ("El camino hacia la otredad: los ainu y las políticas de identidad en el Japón del siglo xx") en *Misuzu*, núms. 443 y 444, febrero y marzo, respectivamente.

Nukishio H., 1986, *Ainu no Dôka to Senchô (La asimilación ainu y sus ejemplos)*, Obihiro: Hokkan Shoogun Kooseidan, 1934; reimpreso en Sapporo: Sapporo-doo Shoten.

Ogawa, Masahito y Yamada, S. 1998, *Ainu Minzoku Kindai no Kiroku. (Crónica actual del pueblo ainu).* Soofukan, Tokio.

Oguma, 1998, Eiji *"Nihonjin" no kyookai. (Las fronteras de "el japonés").* Shinyoosha, Tokio.

Oshima, Sumiko, 1998, "Law fails to address needs of Ainu. Everyday issues neglected", *The Japan Times*, 2 de junio, p. 3.

Sannyo-Aino Toyo'oka, 1987, "The Future of Humans and the Creation of a Third Philosophy: An Ainu Viewpoint", en N. Loos y T. Osanai. *Indigenous Minorities and Education...*, op. cit., T. Mizuno. "Ainu, The Invisible Minority" en *Japan Quarterly*, abril-junio.

Siddle, Richard, 1997, "The Ainu and the Discourse of 'Race'", en F. Dikötter (ed.), *The construction of Racial Identities in China and Japan: Historical and Contemporary Perspectives*, Hurst & Co. Londres.

———, 1993, *Race, Resistance and the Ainu of Japan*. Routledge, Londres.

———, 1993, "Academic Exploitation and Indigenous Resistance: The Case of the Ainu", *op. cit.*, en N. Loos y T. Osanai (eds.), *Indigenous Minorities and Education. Australian and Japanese Perspectives of their Indigenous Peoples, the Ainu, Aborigines and Torres Strait Islanders*. Sanyusha Co. Ltd., Tokio.

Sjöberg, Katherina, 1993, *The Return of the ainu. Cultural Mobilization and the Practice of Ethnicity in Japan*. Harwood Academic Press, Suiza.

Sunazawa, Bikki, 1973, "Shimborumaaku ni tsuite" ("Acerca del símbolo"), en *Anutari Ainu*, núm. 1, p. 2.

Sunazawa, Kura, 1990, *Ku Sukup Orushipe. Watashi no Ichi Dai no Hanashi (La historia de mi época)*, Fukutake Shoten, Tokio.

Suzuki, D. y Keibo, O., 1996, *The Japan We Never Knew*. Sttodart, Toronto.

Tabata, Hiroishi, 1993, "Some Historical Aspects of Ainu-Japanese Relations: Treachery, Assimilation and the Myth of Ainu Counting", en N. Loos y T. Osanai, *Indigenous Minorities and Education. Australian and Japanese Perspectives of their Indigenous Peoples, the Ainu, Aborigines and Torres Strait Islanders*. Sanyusha Co. Ltd., Tokio, pp. 32-39.

Takakura, Shin'ichi, 1960, "The Ainu of Northern Japan. A Study in Conquest and Acculturation" (traducido y anotado por John A. Harrison). En *Transactions of the American Philosophical Society*, 50, Philadelphia.

Tanaka, Michiko, 1991, "De los orígenes a la caída del shogunato Tokugawa", en Toledo, D. *et al.*, *Japón: su tierra e historia*, El Colegio de México, México.

Trinh T., Minh-ha, 1989, *Woman Native Other*, Indiana University Press.

Uemura, Hideaki, 1990, *Kita no kai no kooekishatachi. Ainu Minzoku no shakai keisaishi (Los comerciantes del Mar del Norte. Historia socioeconómica del pueblo ainu)*, Doobunkan, Tokio.

Varios, 1991, *Cambridge History of Japan*, The Cambridge History of Japan, vol. 1, Cambridge University Press, Nueva York.

Yuuki, Shooji, 1980, *Ainu Sengen (Manifiesto ainu)* Sanichi Shooboo.

TIMOR ORIENTAL: LUCHA POR LA INDEPENDENCIA

Susana B.C. Devalle
El Colegio de México

A James Dunn
A la memoria de J. Thiago Cintra

"Estamos muriendo como pueblo y como nación"
Obispo Carlos F. Ximenes Belo, 1989

El Premio Nobel de la Paz 1996 fue otorgado a Timor oriental y a su pueblo, representado por dos de sus luchadores infatigables: José Ramos-Horta y el obispo Carlos Ximenes Belo.[1] El primero ha sido un activista político tenaz, y el segundo, un pacifista. Por diferentes medios y formas ambos han tenido una meta común que coincide y respeta los deseos de su pueblo: concluir con el expansionismo del gobierno indonesio en Timor oriental y con el genocidio de los timorenses perpetrado por Indonesia desde 1975. Estos ataques a la población civil de Timor oriental continúan hasta nuestros días y además de los timorenses muertos, varios periodistas extranjeros han sido asesinados en Timor por las tropas indonesias.[2]

---

[1] José Ramos-Horta es representante especial del Consejo Nacional de la Resistencia Maubere, organización con sede en Timor oriental, que se autodefine como gobierno de coalición no ideológico. El obispo Carlos Felipe Ximenes Belo es la cabeza de la Iglesia católica en Timor oriental y es timorense.

[2] Tal es el caso de Grey Shackleton, Gary Cunningham, Tony Stewart, Malcolm Rennie y Brian Peters, muertos en Balibo, y de Roger East muerto en Dili.

Ni en esos momentos ni en la actualidad ha existido ayuda de la comunidad internacional; algunos miembros involucrados en la historia de Timor oriental llegaron a quejarse de que el Premio Nobel de la Paz 1996 le hubiera sido entregado a J. Ramos-Horta y al obispo Carlos Belo. ¿Cuales son las razones de esto? Además de la ignorancia imperante sobre los pueblos del Pacífico y su historia, el hecho de que frente al presente y al destino de Timor oriental eran mucho más importantes los intereses económico-estratégicos de las potencias mundiales de turno. En primer lugar, el petróleo de la Timor Gap, que contiene uno de los terrenos más ricos en petróleo y gas natural del mundo y, en segundo lugar, en este corredor entre los océanos Índico y Pacífico, el derecho de paso por los canales profundos Ombai-Wetar, vecinos a Timor oriental, de submarinos nucleares estadunidenses controlados por el Pentágono.

La prensa internacional así como los gobiernos de las potencias han ignorado lo que ha ocurrido en Timor oriental a tal grado que, uno de los congresistas estadunidenses, J. Herber Burke, miembro del Comité sobre Asuntos Asiáticos y del Pacífico, escribió:

> surgió una lucha local en la cual inevitablemente el gobierno de Indonesia tuvo que involucrarse. Sin embargo, lo que importa ahora es poner los derechos de los indonesios y sus apoyos en Timor oriental, la situación se ha convertido en una conspiración comunista, diseñada para molestar al gobierno de Indonesia (Retboll, ed. 1980:89).

Llegó el momento en que para demostrar la simpatía con el gobierno de Indonesia de Suharto varios gobiernos de Occidente vendieron armas a Yakarta, que fueron usadas en Timor oriental. Francia, especialmente, estuvo muy activa en esta dirección enviando tanques, carros armados y a la fuerza aérea con helicópteros destinados a combatir la "insurgencia" en el interior de Timor oriental.

En un cuadro como éste, Australia, bajo el gobierno de Frazer, apoyó a Indonesia en su invasión a Timor oriental. El politólogo australiano J. Dunn considera el episodio que comenzó en 1974 "el más vergonzoso de su tipo en la historia de las relaciones internacionales de este país [Australia]" (1983:284. Véase también Ramos Horta, 1987:75 y ss).

En lo que respecta a Portugal, su posición frente a su ex colonia y frente a Indonesia, fue francamente vergonzosa. Funcionarios portugueses e indonesios sostuvieron una serie de reuniones clandestinas, de modo que para 1975 Portugal informó sobre su plan de "descolonización", otorgándole un año a los timorenses para aceptar su integración a Indonesia. En caso de que esto no resultara, Portugal apoyaba el uso de la fuerza, ofreciendo un barco para evacuar a los portugueses.

La historia de Timor oriental es una de violencia y resistencia a partir de mediados de los años setenta. Desde el comienzo de este serio conflicto, la prensa, con excepción de unos pocos periodistas valientes, y otros medios de comunicación, se dedicaron a ignorar el problema de Timor. Ahora ya no se puede ignorar. Ahora, después de varias décadas de sufrimiento para el pueblo timorés, ya sin Sukarno ni Suharto ni la inepta presencia portuguesa, se comienza a hablar de la certeza de la independencia de Timor oriental.

Timor oriental es media isla a 50 millas de la costa norte de Australia, en medio del archipiélago indonesio. Por 450 años fue una colonia portuguesa. La otra mitad de la isla pertenecía a los holandeses hasta que Indonesia se independizó en 1949.

Según James Dunn, la autoridad de Portugal se reafirmó con rigor y opresivamente, en especial en los años que siguieron a la segunda guerra mundial. Timor está situada al sureste del archipiélago indonesio, constituía la más remota de las posesiones portuguesas en el exterior; sin embargo, a pesar de su lejanía, los navegantes portugueses entraron a Timor 20 años después que Cristóbal Colón hiciera su viaje a través del Atlántico. El área total de Timor es de 18 900 km^2, con gran diversidad geográfica y étnica. La complejidad de la isla se debió también a la migración de gente de Melanesia, de Asia continental y más recientemente, de las islas de Occidente.

El profesor Forman, antropólogo, escribe sobre Timor oriental:

> [Timor] no entró bajo la hegemonía de las principalidades javanesas islámicas, que a pesar de las conjeturas históricas las culturas indojavanesas e islámicas apenas pueden notarse excepto en cuanto a la hegemonía holandesa. Más tarde extendió algunas ideas particularmente en el campo político hacia el oeste (hoy Indonesia). Timor oriental bajo el gobierno portugués quedó exento en su mayoría de esas influencias. (Citado en Dunn, 1983:3.)

Tampoco las influencias del hinduismo ni del Islam realmente alcanzaron a esta isla. Predomina en general el tipo protomalayo y desde un punto de vista etnolingüístico esta situación es aún más complicada. Hay más de 30 grupos etnolingüísticos en Timor oriental que se pueden colocar en dos familias lingüísticas dominantes: la malayo-polinesia o austronesia, y la papuana o nordaustronesia, sin embargo, hay muy pocos lazos entre el Bahasa y las lenguas de Timor oriental. Lo que más se habla en el territorio es el tetum o tetung, manabí, kunak, kemac, tocodede, galoli, makassae y dagada. El tetum se ha convertido en lengua franca y la habla la mayoría de la gente de la isla.

En 1974 se estimaba la población de Timor en más de 650 000, aumentando desde el anterior censo de 1970. Esta cifra en realidad puede ser 5% más alta que la oficial, según las iglesias, en general porque en las aldeas se bajaban las cifras con el fin de evitar impuestos más altos. Antes de la colonización portuguesa, Timor oriental estaba dividido en reinos o *rais*, cada uno de los cuales bajo un rey llamado *liurai*. Los *rais* o reinos estaban compuestos por cierto número de *sucos* o grupos tribales que se dividían en clanes o unidades aldeanas que los portugueses llamaron "asentamientos". Por debajo estaban los *datos* o príncipes, y luego los jefes aldeanos que estaban a cargo de todos los asuntos diarios de la gente. Luego, los timorenses tendían a quedarse en los límites estrictos de sus aldeas aunque éstas a veces se cambiaban de lugar de tanto en tanto para buscar tierra fértil y agua.

No fue sino hasta 1974 que Portugal comenzó a sentir la presión de otras fuerzas políticas locales a partir de los rangos de la élite educada. Precisamente los *liurai* se habían convertido en verdaderos apoyos del poder colonial portugués y, más tarde, estos líderes tradicionales fueron la meta por ganar de los militares indonesios para mediados de 1976 con el fin de lograr construir una fachada de legitimidad que ocultara la falsedad del acto formal de integración (véase las fotos del monumento de "integración" y del rechazo a esta falsa integración por los timorenses).

La introducción del cristianismo en las aldeas debilitó, pero no hizo desaparecer las creencias originales, que otorgaban poderes sobrenaturales a los sacerdotes de las misiones, vestidos siempre de blanco y que de vez en cuando llegaban a las aldeas. La Iglesia cristiana en Timor oriental nunca recurrió a la conversión forzada, aunque la élite gobernante se vio obligada a aceptar el catolicismo y a enviar a sus hijos a las escuelas de las iglesias. De modo que en Timor oriental el cristianismo tendió a ser la religión de la élite y de los educados. La influencia más decisiva para el cambio en Timor oriental fue la de la educación. De modo que a partir de 1953 había más de 8 000 estudiantes, y para 1964 llegaban a 17 000 en 165 escuelas. Ya para 1974 los estudiantes sumaban 60 000 en 464 escuelas. Para principios de los setenta estos jóvenes elementos educados ocupaban posiciones del gobierno en números bastante importantes, menos en el sector comercial que estaba principalmente en manos de la población china, concentrada en Dili, la capital, y en otras ciudades grandes. Había una comunidad "árabe" hacia el oeste de Dili, de unas 500 personas. Por tanto, la diversidad cultural y religiosa en Timor oriental era marcada, y realmente con muy poca base histórica o étnica que lo ligara a Indonesia. Las diferencias se hicieron más marcadas con la influencia de Indonesia bajo control holandés. La influencia portuguesa en los dos primeros siglos se mostró en las actividades de los misioneros. También existe en la historia de Timor una serie de rebeliones al declinar las condiciones económicas y políticas a finales del siglo xix. En realidad, los portugueses no pudieron recobrar el control de la isla y la colonia hasta principios de la primera guerra mundial, para entonces Timor, bajo colonialismo portugués, era económicamente la colonia más atrasada del sureste de Asia, por más que la autoridad portuguesa se estableciera en los lugares y los poderes de los *liurais* se hubieran reducido.

· La segunda guerra mundial fue devastadora para Timor, especialmente en el aspecto económico. Dos leyes, una de 1951 y la segunda de 1953, determinaban que todos los territorios de ultramar de Portugal, entre ellos Timor, se convirtieran en provincias de ultramar. La economía en los sesenta comenzó a mejorar con la producción de café y de copra, que se exportaba en cantidades pequeñas, aunque esta producción había sido dañada por las condiciones del mercado mundial. Lo que es importante fue el gran desarrollo en la producción de granos, maíz, arroz, producción de papas dulces y mandioca. Ya para principios de los sesenta la producción podía ser autosuficiente en el territorio de Timor, junto con un aumento considerable de ganado. En realidad, por esos tiempos había muy poco de los territorios controlados por Indonesia, aunque los timorenses podían ir a los mercados semanales que había en el lado portugués de la frontera. En todos esos años Indonesia, tanto bajo el régimen de Sukarno como bajo el de Suharto, dejó en claro que no apoyaría ningún reclamo de los timorenses de independencia, o cualquier forma de oposición al gobierno colonial. Pero cuando los holandeses concedieron a Indonesia el territorio de Timor occidental en 1962, ya se temía que Timor oriental pudiera ser la próxima meta. Timor occidental se declaró como una provincia de ultramar en noviembre de 1963, en realidad contra la corriente de los tiempos y en favor de la descolonización.

Indonesia invadió Timor no sólo porque quería más territorio, sino porque temía que Timor pudiera tornarse comunista en algún momento. Indonesia usó la misma técnica que se utilizó para tomar la anterior colonia holandesa de Nueva Guinea Occidental, siempre según la premisa de "integración". En los ochenta se calculaba que el ejército de ocupación era de 15000, lo que aseguraba el control. Sin embargo, los helicópteros debían cuidarse de disparos que se hacían desde tierra, en forma de tropas de defensa civil (usadas por los visitantes en Timor, no tanto para protegerlos. Eso fue justamente lo que llevó a la muerte a los cinco periodistas extranjeros durante la lucha de octubre de 1975).

Hay que hacer notar la forma en que el gobierno de Indonesia trató de aniquilar al pueblo desde 1975. Esto está registrado: la matanza de niños muy pequeños, casi recién nacidos, por las tropas de Indonesia, que los arrojaban contra las piedras y más tarde, la esterilización masiva, forman parte de este mecanismo para lograr la eliminación total de un pueblo. Este tipo de represión se ha efectuado en otros lugares en donde mujeres y niños fueron las víctimas, por la misma razón. Recuérdese lo que se dijo en Acteal (Chiapas, México), donde se escuchó que los represores gritaban "hay que acabar con las semillas".

Desde septiembre hasta diciembre de 1975, el Fretilin administró bien a Timor oriental.[3] De acuerdo con James Dunn, la administración del Fretilin gozó de amplio apoyo de la población incluyendo muchos que habían sido hasta entonces seguidores de la UDT (*Uniao Democratica Timorense*). La UDT fue formada por una pequeña élite timorense, pero

---

[3] El Fretilin es un partido anticolonialista, antiocupacionista y nacionalista.

no tenía una actitud muy positiva hacia la descolonización y estaba asociada con la élite del antiguo régimen y no apoyó la meta de independencia total. Por esto, a principios de 1975 el Fretilin se consideró ya como el partido más grande de Timor oriental. Según Noam Chomsky,

> [...]en agosto de 1975 la UDT montó un golpe, probablemente con la complicidad de Indonesia, con lo cual comenzó una guerra civil sangrienta que terminó en unas pocas semanas con la victoria del Fretilin. Estima Naciones Unidas que el número de muertos fue de 2 000 a 3 000 (Retboll, ed. 1980:4).

Sin embargo, los reportes de esta guerra civil muestran cómo los medios de comunicación manipularon las estadísticas de acuerdo con lo que se quería en Estados Unidos. Fue justamente, luego de la victoria del Fretilin, que Indonesia comenzó su intervención en Timor oriental. Este tipo de intervención comenzó el 14 de septiembre de 1975 y ésta fue también la época en la que a cinco periodistas australianos se les dio muerte.

De una población de entre 650 000-680 000 personas en 1974, durante el genocidio de 1975 murieron más de 200 000. Por añadidura, el gobierno de Indonesia puso en práctica un plan de asentamiento de colonias foráneas, modalidad que ya había empleado en otra parte del Pacífico, cuyo control codiciaba. Unos 100 000 colonos islámicos de Java, generalmente forzados, fueron ubicados en Timor oriental (*Guardian Weekly, Guardian Media Group 1966*).

Frente al comienzo de los ataques indonesios en 1975, el Fretilin declaró la independencia que había sido otorgada de alguna manera por Portugal. Sin embargo, las cosas no pudieron proseguir de manera regular debido a la invasión y sangrienta represión indonesa. Australia en ese momento actuó de manera lamentable ya que su embajador recomendó al gobierno australiano "que el conocimiento de los australianos de la intervención indonesa debía ser ocultado"

(Chomsky en Retboll, ed. 1980:7), con la finalidad de no tener malas relaciones con Indonesia. En tanto, en Estados Unidos los medios de comunicación se plegaron a la propaganda indonesia. Nunca se publicó lo que los observadores independientes dijeron o escribieron sobre la administración del Fretilin. Tanto el presidente Ford de Estados Unidos como Henry Kissinger visitaron Yakarta en esos tiempos; justo después de que se retiraron comenzó la invasión indonesia del 7 de diciembre a Timor oriental. En ese momento solamente las tropas indonesias controlaban Dili, la capital. Luego de acciones de terrible represión, la prensa estadunidense trató de justificar la invasión indonesia a Timor oriental diciendo que la declaración de independencia había sido una provocación a Indonesia. El *The New York Times* todavía insistió diciendo: "los verdaderos perdedores son los portugueses de Timor, los 620 000 habitantes cuyos intereses y deseos han sido ignorados por todos los partidos en este asunto".

En estas circunstancias, en julio de 1976, Estados Unidos reconoció la incorporación formal de Timor oriental a Indonesia después de lo que Chomsky califica de Consejo Popular farsante. Para marzo de 1977, luego de una "integración" completamente artificial, el Departamento de Estado de Estados Unidos, el oficial encargado del caso de Indonesia, David Kenney, testificó que cerca de 200 000 de los 651 000 habitantes de Timor "deben considerarse estar en áreas bajo administración indonesa" (Chomsky en Retboll, ed. 1980:12). Esto, dice Chomsky contrastó con lo que decía el gobierno de que la guerra se terminó esencialmente a principios de 1976 y que "Timor se ha convertido efectivamente en parte de Indonesia" (*ibid.*). Las atrocidades que se cometieron en Timor oriental fueron en aumento y el número de gente que ha muerto se estima entre 50 000 y 100 000. Mucha gente abandonó sus aldeas y se unió a las fuerzas del Fretilin en las montañas, incluyendo gente de la capital. Éstos son hechos que han sido ocultados por los medios de comunicación, específicamente por la prensa.

Gente de la Iglesia justamente ha señalado las matanzas indiscriminadas en número que no tienen precedente luego de la segunda guerra mundial. Los timorenses nacionalistas han sido calificados por la prensa, durante los años setenta y aún ahora por algunos, como "guerrilleros". Esto ocurrió también cuando se les otorgó el Premio Nobel, pues hubo quienes los consideraron como "guerrilleros" y no como luchadores nacionalistas y anticolonialistas.

El periodista francés Denis Reichle, del *Paris Match*, justamente indicó que Indonesia no buscaba el combate con el Fretilin, sino que su objetivo era eliminar sistemáticamente a las poblaciones y las aldeas que se conocía o sospechaba pudieran apoyar al Fretilin. James Dunn escribió sobre los esfuerzos que hacía el Fretilin para tratar de que los refugiados se mudaran a áreas controladas por Indonesia ya que el alimento y las medicinas para una población de 500 000 comenzaban a escasear. Dice James Dunn, en este sentido, que no era sorprendente ver a la población que apoyaba al Fretilin regresar a aldeas y ciudades bajo el control indonesio. Esto por supuesto, no significó que la población dejara de apoyar al Fretilin y que apoyara la ocupación indonesia.

Según fuentes de la prensa occidental en este periodo las atrocidades en Timor oriental han hecho que el número de muertos de 1975 a 1980 ascendiera a 50 000 y 100 000. Sin embargo, hay que pensar en las condiciones en que quedó la población de Timor oriental con las hambrunas, las enfermedades y las muertes.

Para Roque Rodrigues en un discurso pronunciado en las Naciones Unidas ante el Comité Especial de Descolonización, el 16 de agosto de 1979, "la guerra de liberación nacional y resistencia contra la dominación extranjera ha continuado sin modificaciones en Timor oriental". A pesar de que los obstáculos en contra son muy fuertes, la falta de apoyo material de otros países y la falta de medicinas y ropa, la gente de Timor oriental bajo el liderazgo del Fretilin no ha sucumbido al intento de anexión de Indonesia. La comunidad internacional no puede aceptar la política de *fait acompli* ya que esto sentaría precedentes muy serios. Si la intervención armada y la anexión son aceptadas por las Naciones Unidas, la supervivencia de muchos Estados pequeños en el mundo no podría ser garantizada por la ley. La agresión armada, la intervención militar en otros países, la violación de las fronteras tanto coloniales como establecidas, deben ser condenadas por la comunidad internacional. La invasión de Indonesia y la intención de anexar a Timor oriental ha sido una gravísima violación a la Carta de las Naciones Unidas y a la ley internacional, por tanto, deben ser rechazadas. A ello se deben oponer los Estados miembros. El fracaso de poner en efecto las leyes internacionales existentes provocará problemas muy serios, sentará precedentes y amenazará la supervivencia de muchos países en América Latina, África, Europa y Asia. Ningún país debe apropiarse del papel de policía del mundo ya que ninguno puede justificar las agresiones militares en su territorio y especialmente en el territorio soberano de otros Estados. "La invasión de Indonesia de Timor oriental es un caso claro de agresión militar y un intento de conquista. Un caso frente al cual la comunidad internacional ha sido engañada por una potencia arrogante: Indonesia, que es un miembro de Naciones Unidas [que] está desafiando a toda la comunidad internacional y con sus acciones ha contribuido al descrédito de esta organización a los ojos de millones de gente en el mundo."

James Dunn se entrevistó con varios refugiados y dijo: "Pregunté a los líderes de la comunidad de refugiados si era concebible que 100 000 personas hayan sido muertas en Timor oriental, todos dijeron que este número era creíble debido al bombardeo intensivo y al uso de napalm" (estamos hablando de 1977). Sigue James Dunn: "Mucha gente dejó las principales ciudades y aldeas y estaban ahora en las montañas, en zonas que más o menos están bajo el control de Fretilin". Un timorense dijo que había en septiembre de 1976 como 30 000 soldados indonesios en Timor oriental. La última información relacionada con la situación, de noviembre de 1976, indica que "ya para entonces la situación de [la población] era alarmante, la comida era muy escasa".

En una carta de un sacerdote católico escrita en octubre de 1977, se dice:

> Un genocidio bárbaro continúa aparentemente con una completa falta de conciencia. Los timorenses no han tomado ninguna medida para considerarse independientes de Indonesia y no atacaron a Indonesia ya que Timor no era parte de ella. Ahora Timor está siendo borrada por una invasión, una conquista brutal que produce montones de muertos, de heridos y de huérfanos. Las conciencias se mantienen en tranquilidad diciendo, con o sin razón, que la gente de Timor es "comunista". En este conflicto, en el que estamos todavía envueltos, no escucho ninguna pregunta sobre la supuesta justicia sobre el ataque inicial o de la continuación de la guerra actual. Todo lo que escucho es [que] lamentan que los timorenses sean reconocidos como "comunistas", y en reportes, que son fuertes, de gran bravura y preparados para morir antes que rendirse al conquistador.

Indonesia mató a un gran número de personas de modo que luego se dedicó a otra cosa cuestionable: la reeducación de los timorenses, especialmente los niños que han sobrevivido en la capital y que han sido forzados a cantar propaganda indonesa. Sobre la posición de los países occidentales respecto a Timor oriental, Francia era el principal apoyo de Indonesia en cuanto a armas, especialmente tanques, carros armados y helicópteros de ataque para la "contrainsurgencia". El gobierno francés se abstuvo de discutir en las Naciones Unidas sobre la cuestión con el fin de evitarle una posición incómoda a Indonesia. Por otro lado, el gobierno laborista británico firmó un acuerdo con Indonesia para enviar cuatro aviones Hawk. Sobre esto, el secretario de Asuntos Extranjeros, David Owen, dijo públicamente que las matanzas habían sido exageradas y que se calculaba de manera aceptable la cantidad de unas 10 000 personas o menos, ya que los británicos consideraron en ese momento que ésa era una guerra civil. El periodista Pilger indica que el equipo militar occidental, especialmente de Estados Unidos, se convirtió en principal instrumento de terror (Pilger, 1994:59).

Los observadores de las matanzas en Timor oriental hablan de escenas que recuerdan el infierno de Dante. Después de septiembre de 1978 escribió un sacerdote:

> La guerra se intensificó. Los aviones militares están en acción todo el día. Cientos de personas mueren diariamente dejándose sus cuerpos como alimento de los buitres. Si las balas no nos mataban, moríamos de enfermedades epidémicas; aldeas completas eran destruidas (Dunn, 1983:313).

Canadá fue uno de los gobiernos que más apoyó a Indonesia dado que era uno de los principales inversionistas allí. Indonesia también había sido apoyada por la Asociación de Naciones del Sudeste de Asia (ASEAN) y por la mayoría de los países islámicos y Japón, que veía en Indonesia posibilidades comerciales y, especialmente, el abastecimiento de petróleo.

Los timorenses se preguntaban: ¿quién sabe de nuestro país?, ¿quién puede imaginar la enormidad de lo que nos ha ocurrido? En otra entrevista con sobrevivientes el periodista Pilger cita a uno de ellos: "cuando me fui, mi esposa tenía seis meses de embarazo, tengo un hijo pero nunca lo he visto, excepto en una foto que he recibido recientemente. La veo todo el tiempo". Y a la pregunta del periodista: "¿qué lo hace continuar luchando?", respondió:

> Por nuestro propio derecho a la independencia. Éste es un derecho universal, y un tercio de nosotros ha muerto por este derecho, no nos tengan lástima. Piensen en mi esposa, continúan interrogándola, torturándola psicológicamente, ése es su pan diario y el pan diario de nuestra gente, y el mío también.

Ya en los setenta era evidente que había conflictos intensos en Indonesia, situación que al parecer se mantuvo oculta a la gente de Timor. El partido Fretilin se basó en la doctrina del socialismo y la democracia, y se dedicó a lograr el derecho a la independencia y a rechazar el colonialismo y cualquier medida que llevara al neocolonialismo. También se declaró contra la discriminación racial y la corrupción, y favoreció la cooperación a todo ámbito en los países en la zona geográfica de Timor. Apoyó planes para la creación de cooperativas y defendió la distribución igualitaria de la tierra. Al mismo tiempo, también alentó un sistema educativo más orientado a lo timorense, en la comprensión de la cultura de Timor como elemento de la cultura del nacionalismo que se estaba defendiendo. James Dunn considera que

> a pesar del atraso de Timor oriental existían condiciones para un proceso suave, fácil, de descolonización y para el surgimiento en el curso del tiempo de un Estado razonablemente viable, con una economía que podría ser no más dependiente de apoyo que cualquiera de las naciones en desarrollo en el Pacífico Sur (*op. cit.*).

James Dunn considera que la influencia exterior más estabilizadora fue la campaña de propaganda hostil montada por Indonesia. La prensa indonesia, publicó historias de infiltración de comunistas chinos en la colonia, reportes que fueron totalmente infundados. También hubo reportes falsos y reportes radiales de violencia política. Por ejemplo, el 12 de septiembre de 1974, Sinarharapan mostró en caracteres grandes un reporte de que los *liruai* de Ainaro y cinco miembros de su familia habían sido asesinados. Esto no tenía ninguna base. Más tarde en ese año también hubo reportes falsos de timorenses huyendo hacia la sección Indonesia de la isla para "escapar de la violencia y la persecución" (*op. cit.*).

Noam Chomsky escribió en *Towards a New Cold War: Essays on the Current Crisis and How We Got There*:

> Si nos gusta encontrar lo que encontramos cuando miramos los hechos y pocos no estarán apabullados si miran honestamente, podemos trabajar para traer cambios en las prácticas y

estructuras de instituciones que causan terrible sufrimiento y genocidio. Ya que nosotros mismos vemos como ciudadanos de una comunidad democrática, tenemos la responsabilidad de dedicar nuestras energías para estos fines. (Citado en Dunn, 1983:xiii.)

Sin embargo, hubo incluso recientemente ataques de Indonesia a Timor oriental, como la masacre del 12 de noviembre de 1991 en que murieron 271 civiles timorenses durante una demostración pacífica en el cementerio de Dili en Santa Cruz, con 382 heridos, más de 250 "desaparecidos". En el Hospital Militar de Dili se reportaron muertos con piedras e inyecciones letales a muchos de los sobrevivientes (testimonio: 12, nov. 1991, de Zito Soares). Y el 6 de abril de 1999 los reporteros indicaron una masacre de 400 000 personas en una de las iglesias (noticiero *Eco*, México, 12:30 horas, 6 de abril de 1999). Considérense también los acontecimientos del 18 de abril de 1999 con escuadrones de la muerte proindonesios en Timor. Sin embargo, las noticias actuales también se refieren a los esfuerzos para lograr finalmente la independencia de Timor oriental. La anexión de Timor oriental nunca fue reconocida por las Naciones Unidas que aún considera a Portugal como potencia administradora. Pero desde abril de 1999 se abrió un nuevo periodo de matanzas, luego del referéndum de agosto de ese mismo año en que se apoyó a la Independencia de Timor oriental. Los resultados positivos del referéndum trajeron para los timorenses una nueva ola de genocidio y terror en manos de las tropas indonesias y los milicianos proindonesios. Esta nueva ola genocida fue planeada por varios años por los militares indonesios, para convertirla en el acto final y decisivo de la destrucción del pueblo timorense. Al fin se formó una fuerza internacional de paz (Interfet), encabezada por los australianos a quienes se unieron los ingleses (con su temible contingente de *gurkhas*), italianos, tailandeses, y algunos estadunidenses. Otros, como Nueva Zelanda, Canadá, Francia y Brasil también prometieron su apoyo.

Una breve historia de Timor oriental dice mucho de sus sufrimientos:

• Colonia portuguesa desde 1702 hasta el golpe de Estado en Portugal en 1774.

• Guerra civil en 1975 entre el partido Fretilin (marxista) y las fuerzas conservadoras locales.

• Luego de ganar en las elecciones, el Fretilin declaró la Independencia de Timor oriental el 17 de noviembre de 1975.

• El 7 de diciembre de 1975, Indonesia invadió Timor oriental y lo nombró su estado número 27.

• La política de deportación, reasentamiento, persecución y tortura, dio como resultado hasta entonces alrededor de 630 000 muertos.

• La lucha entre el Fretilin y el ejército indonesio continuó a pesar de que el líder del Fretilin, Xanana Gusmao, fuera hecho prisionero en 1993 (*The Observer*, 5 de septiembre de 1999:23).

• Mientras, la situación en Indonesia se fue deteriorando bajo el régimen recién elegido de Jusuf Habibi.

En Timor oriental 78.5% de la población votó por la independencia en el referéndum del 30 de agosto de 1999, lo cual produjo más represión de Indonesia hasta la intervención de la Interfet. La situación de los refugiados y los desplazados se considera insostenible según Alto Comisionado de las Naciones Unidas para los Refugiados.

Para concluir, con un dejo de esperanza, un poema del poeta timorense Fernando Syloan:

> Funu guerra
> La guerra terminará,
> amor sonriente.
> La semilla que se abre
> finaliza en una flor.

(17 de junio de 1986.
Mi traducción del portugués)

Efectivamente la guerra terminó con la independencia de Timor Oriental, a la medianoche del 19 de mayo de 2002. Timor Oriental es ahora independiente a pesar de ser el país más pobre de Asia, pero a la vez el más valiente, cargando el peso de sus muertos durante su lucha por la liberación.

BIBLIOGRAFÍA

Anderson, B., 1993, "Imagining East Timor", *Arena Magazine*, núm. 4, abril-mayo.

Chomsky, N., 1996, *Powers and Prospect*, South End Press, Boston.

Dunn, J., 1983, *Timor. A people Betrayed*. The Jacaranda Press: Queensland-Adelaide Auckland.

Emery, D., 1995, "Timor Gap Treat. Australia Wins Case at International Court of Justice", *Insight*, 25 de julio.

Gunn, G.C., 1997. *East Timor and the United Nations. The case for Intervention*, The Red Sea Press, Lawrenceville, Nueva Jersey-Eritrea.

Lutz, N.M., 1999, "Colonization, Descolonization and Integration. Language policies in East Timor", Indonesia, ANU., Canberra.

Miguel, Pedro, 1999, "El nombre de Timor", *La Jornada*, México, 23 de marzo.

Pilger, J., 1994, *Distant Voices*. Vintage: Londres-Sydney-Melbourne.

Ramos-Horta, J., 1987, *Funu. The Unfinished Saga of East Timor*, prefacio por Noam Chomsky, The Red Sea Press, Inc.

Retboll (ed.), 1980, *East Timor, Indonesia and Western Democracies*, IWIA, Documento 40, Copenhagen. Introducción por Noam Chomsky.

Soares, Zito, 1999, "The 12th November Massacre. A personal Testimony", *Timor Net*.

Taylor, J.G., 1991, *Indonesia's Forgotten War: The Hidden History of East Timor*, Zed Books, Londres.

Young, H., 1996, "Nobel Prize Shames and Indifferent World", *The Guardian Weekly*, Londres.

Identidad y etnicidad: continuidad y cambio
se terminó de imprimir en septiembre de 2002
en los talleres de Encuadernación Técnica Editorial, S. A.
Calz. San Lorenzo 279, local 45, Col. Granjas Estrella 09880 México, D. F.
Se tiraron 1 000 ejemplares más sobrantes para reposición.
Tipografía a cargo de Literal, S. de R.L. Mi.
La edición estuvo al cuidado de
la Dirección de Publicaciones
de El Colegio de México.